Gabriel Bunge
Eremo Santa Groce

Irdene Gefäße

Die Praxis des persönlichen Gebetes nach der
Überlieferung der heiligen Väter

Gabriel Bunge
Eremo Santa Croce

Irdene Gefäße

Die Praxis des persönlichen Gebetes nach der
Überlieferung der heiligen Väter

Federzeichnungen von Francesco Riganti

Verlag
„Der Christliche Osten" GmbH

Gabriel Bunge
Irdene Gefäße
Die Praxis des persönlichen Gebetes nach der
Überlieferung der heiligen Väter

Würzburg: „Der Christliche Osten" GmbH 2008

ISBN 978-3-927894-22-8

Umschlagbild:
Ägyptischer Mönch im Gebet.
Koptisches Kalksteinrelief, 6. Jahrhundert
Dumbarton Oaks Collection, 35.11

Gabriel Bunge
Irdene Gefäße
Die Praxis des persönlichen Gebetes nach der
Überlieferung der heiligen Väter

4., vollständig überarbeitete und erweiterte Auflage 2009

Herausgeber: P. Dr. Gregor Hohmann OSA
Verlag „Der Christliche Osten" GmbH
Schriftleitung: P. Dr. Gregor Hohmann OSA,
　　　　　　　Dietmar Süssner
　　　　　　　Grabenberg 2a, D-97070 Würzburg

© 2009 Verlag „Der Christliche Osten"

Würzburg 2009
Verlag „Der Christliche Osten" GmbH

Alle Rechte, auch des auszugweisen Nachdrucks, der mechanischen Wiedergabe und Übersetzung, sind vorbehalten und bedürfen der ausdrücklichen Genehmigung des Verfassers oder Herausgebers.

INHALTSVERZEICHNIS

Vorwort zur Neuauflage   11

Einführung: „Herr, lehre uns beten!"   15

Kapitel I: „Wer vom alten Wein getrunken hat"   25
1. „Was von Anfang an war"   28
2. „Spiritualität" und „geistliches Leben"   39
3. „Aktion" und „Kontemplation"   47
4. „Psalmodie" – „Gebet" – „Meditation"   57

Kapitel II: Orte und Zeiten   69
1. „Wenn du betest, geh in deine Kammer"   72
2. „Blicke nach Osten, Jerusalem!"   79
3. „Siebenmal am Tag lobe ich dich"   96
4. „Selig, wer wacht!"   107
5. „Sie beteten unter Fasten"   117

Kapitel III: Weisen des Gebetes   127
1. „Gebete und flehentliche Bitten mit Tränen"   130
2. „Betet ohne Unterlass"   137
3. „Herr, erbarme dich meiner!"   149
4. „Erhöre, Herr, mein Rufen"   161
5. „Schweigen hat seine Zeit und Reden hat seine Zeit"   169

Kapitel IV: Gebetsgesten	181
1. „Steht auf und betet!"	185
2. „Das Erheben meiner Hände sei dir ein Abendopfer"	197
3. „Zu dir erhebe ich meine Augen, der du im Himmel wohnst"	205
4. „Er beugte die Knie und betete"	215
5. „Betet an den Herrn in seiner heiligen Halle"	223
6. „… und nehme täglich sein Kreuz auf sich"	233
Schluss: Der „Schatz in irdenen Gefäßen"	249
Anhang: Praktische Hinweise	
1. Die Wahl des reechten Ortes und seine Einrichtung	265
2. Gebetszeiten	267
3. Das „Kleine Offizium"	268
4. Weisen des Gebetes	271
Quellenschriften	274
Zitierte Werke des Evagrios Pontikos	277
Veröffentlichungen des Autors	281

*„Sprich nicht nur mit Vergnügen
von den Taten der Väter,
sondern verlange auch von dir selbst,
dieselben unter größten Mühen zu vollbringen!"*

(Evagrios Pontikos)

Vorwort zur Neuauflage

Die erste Auflage dieses Büchleins ist im Jahre 1996 erschienen. Seither sind ihr Übersetzungen in (soweit dem Autor bekannt) zehn Sprachen gefolgt. Mit einem solchen Zuspruch nicht nur im lateinisch geprägten Westen, sondern namentlich auch im Osten orthodoxer Tradition hatte ich nie gerechnet. Ich werte ihn weniger als einen persönlichen Erfolg denn als ein Zeichen dafür, dass die hier angesprochenen Fragen auch anderen am Herzen liegen.

Nach einer Weile verspürt jeder Autor das Bedürfnis, seine Gedanken anders, jedenfalls noch genauer zu fassen. Ich habe daher die Gelegenheit dieser Neuauflage in anderem Gewand genutzt, um den Text gründlich durchzuarbeiten, Fehler jeder Art auszumerzen und einige besonders schöne Texte neu hinzuzufügen.

Dem einen oder anderen Rezensenten ist nicht entgangen, dass der geistlichen Lehre des *Evagrios Pontikos* († etwa 399) ein unverhältnismäßig großer Raum zugestanden wird, ist sie doch nachgerade der *rote Faden*, der dem Ganzen seine Einheit verleiht. Dafür gibt es einen präzisen Grund. Die Schriften der frühen Väter *Über das Gebet,* wie z. B. die Origenes', Tertullians und Cyprians, sind in der Tat allesamt Kommentare zum *Vaterunser,* also zu einem in der Liturgie *öffentlich* und *gemeinsam* verrichteten Gebet.

Diese Kommentare bieten also keine wohl durchdachte Lehre über *das Gebet als solches,* und selbst die konkreten Anweisungen über die Weise, *wie* ein Christ der Überlieferung gemäß zu beten hat, sind den Kommentaren als *Anhang* beigegeben. Evagrios, der als Erbe und Schüler der Väter all' diese Dinge bei seinen Lesern als bekannt voraussetzen durfte, hat uns hingegen in seinen 153 Kapiteln *Über das Gebet* eine Schrift hinterlassen, die vor allem den mannigfaltigen Aspekten des *persönlichen Gebetes* gewidmet ist, um das es uns in diesem Büchlein ja vor allem geht.

Hinzu kommt, dass der Verfasser mit dem verstreuten und immer noch weitgehend nur einer Elite von Spezialisten vertrauten Schrifttum des ehemaligen Lektors Basileios' des Großen und Diakons Gregor von Nazianz besser vertraut ist als mit dem irgendeines anderen frühen Autors. Schließlich empfiehlt sich Evagrios aber auch durch seine besondere Nähe zu jenem „*Anfang*", der uns so am Herzen liegt. Der „überaus erfahrene Lehrer" des Evagrios im geistlichen Leben war in der Tat Makarios der Große († etwa 390), zur Unterscheidung von seinem Namensvetter Makarios „der Alexandriner", Priester jener *Kellia* genannten Mönchssiedlung, in der Evagrios lebte, auch „der Ägypter" genannt. Dieser aber war ein direkter Schüler Antonios' des Großen († 356), dessen „Geist" und Wundermacht auf ihn übergegangen war.

Über nur ein einziges, und dazu noch so bedeutendes Zwischenglied ist Evagrios also mit dem „*Erstling der Anachoreten*" selbst verbunden, der seinerseits in jener frühen alexandrinischen Tradition wurzelt, für die Namen wie Klemens von Alexandrien († vor 216) und Origenes († um 254) stehen, deren Werke uns zum Teil erhalten sind, und viele andere Lehrer der Kirche, von denen wir nur noch die Namen kennen. Man darf also hoffen, bei Evagrios vieles über die intimeren, verborgeneren Aspekte des persönlichen Gebetes zu finden, auf die andere Väter aus den genannten Gründen nicht eingegangen sind.

Der Zweck dieses Büchleins ist ein ganz einfacher. Es erhebt nicht den Anspruch, das im Untertitel angegebene Thema irgendwie erschöpfend, und schon gar nicht wissenschaftlich, darzustellen. Es will vielmehr eine Art *praktischer Leitfaden* sein. Der ständige Rückgriff auf die frühen Väter und ihre Lehren soll dem Leser jenen „*Geschmack*" für die älteste Tradition vermitteln, der es ihm dann erlauben wird, jeden beliebigen Text zu lesen, mag er auch noch so jungen Ursprungs sein. Denn hat er einmal das Gespür für das *Echte* erworben, schmeckt er sofort heraus, ob das Dargebotene diesem entspricht oder nicht.

Eremo Santa Croce
Roveredo Capriasca

EINFÜHRUNG
„Herr, lehre uns beten!"[1]

In kirchlichen Kreisen hört man heute oft die Klage, „der Glaube verdunste". Trotz eines nie dagewesenen „pastoralen Einsatzes" scheint der Glaube in der Tat bei vielen Christen zu „erkalten"[2] oder eben, salopp ausgedrückt, zu „verdunsten". Es ist die Rede von einer großen *Glaubenskrise*, des Klerus nicht weniger als der Laien.

Diesem namentlich in Westeuropa so oft beklagten Glaubensschwund steht jedoch eine auf den ersten Blick paradoxe Tatsache gegenüber: die ungeheure und Jahr für Jahr um Tausende von neuen Titeln anschwellende Flut theologischer und vor allem auch geistlicher Literatur, die dieser selbe Westen zur gleichen Zeit produziert. Gewiss befinden sich darunter viele modische, allein für den Markt geschaffene Eintagsfliegen. Doch es werden auch zahlreiche Klassiker der geistlichen Literatur kritisch herausgegeben und in alle europäischen Sprachen übersetzt, sodass der moderne Leser über einen Reichtum an geistlichem Schrifttum verfügt, von dem der Mensch der Antike nicht einmal zu träumen gewagt hätte.

Diese Fülle müsste man doch eigentlich als Zeichen einer nie dagewesenen Blüte des geistlichen Lebens werten – wäre da nicht jener besagte Glaubensschwund. Es handelt sich bei dieser Bücherflut also wohl eher um das Zeichen einer *un-*

---
1 Lk 11, 1.
2 Vgl. Mt 24, 12.

ruhigen Suche, die aber irgendwie nicht ans Ziel zu gelangen scheint. Viele lesen wohl diese Schriften, bewundern vielleicht auch die Weisheit der Väter – doch in ihrem persönlichen Leben ändert sich nichts. Irgendwie ist der Schlüssel zu diesen Schätzen der Tradition verloren gegangen. Die Wissenschaft spricht in diesem Zusammenhang von einem *Traditionsbruch*, ja einem *Traditionsabbruch*, der zwischen Gegenwart und Vergangenheit einen Abgrund aufgerissen hat.

Viele spüren, dass ihnen etwas ganz Wesentliches verloren gegangen ist, auch wenn sie das Problem als solches nicht zu benennen vermöchten. Ein Gefühl des *Unbefriedigtseins* erfasst immer weitere Kreise. Man sucht nach einem Ausweg aus der geistlichen Krise, den viele dann im Namen eines sehr weit gefassten Ökumenismus in einer Öffnung den nicht-christlichen Religionen gegenüber zu finden meinen. Das Angebot an „Meistern" der unterschiedlichsten Schulen erleichtert ihnen diesen Schritt über die Grenzen der eigenen Religion hinaus in ungeahnter Weise. Ein riesiger Markt an „spiritueller" bis „esoterischer" Literatur kommt den hungrig Suchenden ebenfalls entgegen. Und viele meinen dort auch zu finden, was sie im Christentum bisher vergeblich gesucht hatten, bzw. was es dort angeblich auch nie gegeben hat.

Es ist keineswegs unsere Absicht, gegen diese Art „Ökumenismus" zu Felde zu ziehen. Wir werden indessen am Ende einige Fragen formulieren und kurz die Antwort skizzieren, die die Väter wohl darauf gegeben hätten. Das Anliegen dieses Buches ist es, auf das spirituelle Suchen vieler Gläubigen eine genuin *christliche* Antwort zu geben. Und zwar eine „praktische", d. h., es soll ein – in Schrift und ursprünglicher, Ost und West gemeinsamer Tradition verwurzelter – „Weg" aufgezeigt werden, der es einem Christen erlaubt, seine *Glaubenspraxis* in Übereinstimmung mit seinem *Glaubensinhalt* zu leben, und nicht das eine zu glauben und das andere zu praktizieren.

Denn auf die ratlose Frage, warum der Glaube trotz aller Anstrengungen ihn zu beleben, bei einer wachsenden Zahl von Christen „verdunstet", gibt es eine sehr schlichte Antwort, die vielleicht nicht die ganze Wahrheit über die Ursachen der großen Glaubenskrise der Gegenwart enthält, dafür aber einen *Ausweg* weist: Der Glaube „verdunstet", wenn er nicht mehr *in einer seinem Wesen gemäßen Weise* „praktiziert" wird. Mit „Praxis" sind hier nicht die vielfältigen Formen „sozialen Engagements" gemeint, die seit alters selbstverständlicher Ausdruck der christlichen *Agape* sind. So unerlässlich dieses Tun „nach außen" ist, es wird äußerlich, als Flucht in den Aktivismus sogar zu einer subtilen Form der *Akedia*, des Überdrusses[3], wenn ihm kein Tun „nach innen" mehr entspricht.

Das „innere Tun" par excellence ist das *Gebet*, in der ganzen Fülle der Bedeutung, den dieser Begriff in Schrift und Tradition auf sich vereint hat. „*Sage mir, wie du betest, und ich sage dir, was du glaubst*" könnte man in Abwandlung eines bekannten Sprichwortes sagen. Im Gebet, bis hin zur Gebetspraxis, wird

---

3 Vgl. G. Bunge, AKEDIA. Die geistliche Lehre des Evagrios Pontikos vom Überdruss, Würzburg ⁵2004.

offenbar, worin das Wesen des Christseins besteht, wie der Gläubige zu Gott und zu seinem Nächsten steht.

Überspitzt kann man daher sagen: *Allein im Gebet ist der Christ wirklich er selbst.*

Christus selbst ist dafür der beste Beweis. Denn wird sein Wesen, seine einzigartige Beziehung zu Gott, den er „meinen Vater" nennt, nicht gerade in seinem Beten offenbar, so wie es die Synoptiker verhalten darstellen und Johannes dann in aller Deutlichkeit? Die Jünger haben dies jedenfalls so verstanden, und als sie ihn baten: „*Herr, lehre uns beten!*" hat ihnen Jesus das *Vaterunser* übergeben. Noch ehe es ein Credo als Summe des christlichen Glaubens gab, fasste dieser schlichte Text das Wesen des Christseins gerade *in Form eines Gebetes* zusammen, jenes neue Verhältnis zwischen Gott und Mensch nämlich, das der Mensch gewordene eingeborene Sohn Gottes in seiner eigenen Person geschaffen hat. Dies ist gewiss kein Zufall.

*

Nach biblischer Lehre ist der Mensch „*nach dem Bilde Gottes*" erschaffen worden[4], d. h. wie die Väter es sehr tiefsinnig deuten, „als Bild des Bildes Gottes" (Origenes), des Sohnes also, der allein im absoluten Sinn „Bild Gottes" ist[5]. Von Anfang an ist der Mensch aber dazu bestimmt, „*Bild und Gleichnis*"

---
4 Gen 1, 27.
5 2 Kor 4, 4.

Gottes zu sein[6]. Er ist also auf ein *Werden* hin angelegt, nämlich vom Sein „*nach dem Bilde Gottes*" hin zum – eschatologischen – Sein der „*Verähnlichung*" mit dem Sohn[7].

Aus der Erschaffung „nach dem Bilde Gottes" folgt, dass das innerste Wesen des Menschen in seinem *Bezogensein auf Gott* besteht (Augustinus), nach Analogie der Beziehung zwischen einem Urbild und seinem Abbild. Doch ist diese Beziehung nicht statisch, wie etwa bei Siegel und Abdruck, sondern lebendig, *dynamisch*, sich erst im Werden voll verwirklichend.

Konkret bedeutet dies für den Menschen, dass er – nach Analogie seines Schöpfers – ein *Antlitz* besitzt. So wie Gott, der im absoluten Sinn Person ist und allein personales Sein zu schaffen vermag, ein „Antlitz" besitzt, nämlich Christus, seinen eingeborenen Sohn, weshalb denn die Väter auch die biblischen Wendungen „Bild Gottes" und „Antlitz Gottes" einfach gleichsetzen, ebenso hat auch der Mensch als geschaffenes personales Wesen ein „Antlitz".

Das „Antlitz" ist jene „Seite" der Person, die sie einer anderen Person zuwendet, wenn sie mit ihr in eine personale Beziehung tritt. „Antlitz" bedeutet nachgerade: *Zugewandtheit*. Nur eine Person kann im eigentlichen Sinn ein wirkliches „Gegenüber" haben, dem sie sich zuwendet bzw. von dem sie sich abwendet. *Personsein* – und für den Menschen bedeutet dies immer *Personwerden* – verwirklicht sich im Gegenüber

---
6 Gen 1, 26.
7 1 Joh 3, 2.

„von Angesicht zu Angesicht". Daher stellt Paulus auch unser jetziges indirektes Erkennen Gottes „mittels eines Spiegels in rätselhafter Gestalt" der vollkommenen eschatologischen Beseligung in der Erkenntnis „von Angesicht zu Angesicht" gegenüber, bei der der Mensch so *„erkennt, wie er erkannt ist"*[8].

Was hier von dem geistigen Wesen des Menschen gesagt ist, findet seinen Ausdruck auch in seinem leiblichen Sein. Es ist das leibliche Antlitz, auf dem sich dieses geistige Wesen widerspiegelt. Sein Antlitz einem anderen zuwenden oder bewusst von ihm abwenden ist kein in sich indifferenter Vorgang, wie jeder aus täglicher Erfahrung weiß, sondern vielmehr eine Geste von tiefer symbolischer Bedeutung. Sie zeigt nämlich an, ob wir mit einem anderen in eine personale Beziehung eintreten wollen, bzw. ihm diese verweigern.

Seinen reinsten Ausdruck findet dieses Verwiesensein auf Gott hier auf Erden im Gebet, in dem sich ja das Geschöpf seinem Schöpfer „zuwendet", dann nämlich, wenn der Beter *„Gottes Angesicht sucht"*[9] und bittet, der Herr möge auch selbst *„sein Antlitz über ihm leuchten lassen"*[10]. In diesen und ähnlichen Wendungen des Buches der Psalmen, die keineswegs bloße poetische Metaphern sind, drückt sich die *Grunderfahrung* des biblischen Menschen aus, für den Gott eben kein abstraktes unpersönliches Prinzip ist, sondern *Person* im absoluten Sinn. Ein Gott, der sich dem Menschen zuwendet, der ihn zu sich ruft und will, dass auch er sich ihm zuwende.

---

8 1 Kor 13, 12.
9 Ps 26, 8.
10 Ps 79, 4.

Und dies tut der Mensch eben in reinster Form im Gebet, in dem er sich mit Seele und Leib „*vor Gott hinstellt*".

*

Damit sind wir wieder bei dem eigentlichen Thema dieses Buches: der „Praxis" des Gebetes. Denn „vom Herrn beten lernen", beten, wie der biblische Mensch und unsere Väter im Glauben es taten, bedeutet ja nicht nur, sich bestimmte Texte zu eigen zu machen, sondern auch alle jene Weisen, Formen, Gesten usw., in denen dieses Beten seinen ihm gemäßen Ausdruck findet. Dies war jedenfalls die Meinung der Väter selbst, für die es sich hier keineswegs um zeitbedingte Äußerlichkeiten handelte. Im Gegenteil, sie widmeten diesen Dingen, die Origenes († um 254) am Ende seiner Schrift *Über das Gebet* folgendermaßen zusammenfasst, stets ihre volle Aufmerksamkeit.

> *Es scheint mir [nach dem Gesagten] nicht unpassend zu sein, um das Thema des Gebets erschöpfend darzustellen, im Sinne einer Einführung [auch] die [innere] Verfassung und die [äußere] Haltung, die der Beter haben muß, einer Betrachtung zu unterziehen, sowie den Ort, an dem man beten soll, und die Himmelsrichtung, in die man unter allen Umständen blicken muss, und die für das Gebet günstige und privilegierte Zeit, und wenn es diesen ähnliche Dinge gibt*[11].

---

[11] Origenes, *De Oratione* XXXI, 1.

Origenes legt dann anhand *biblischer Zitate* sogleich dar, dass diese Fragen tatsächlich keineswegs unpassend, sondern uns von der Schrift selbst vorgegeben werden. Auch wir wollen uns von dieser Vorgabe leiten lassen. Wir beschränken uns dabei bewusst auf das persönliche Gebet, da es das sichere Fundament nicht nur des geistlichen Lebens, sondern auch des gemeinsamen liturgischen Betens ist.

Niemand wusste besser als die Väter, dass man die Schrift, will man sie recht verstehen, niemals von ihrem *Kontext* lösen darf. Dieser Kontext ist für den Christen die *Kirche*, von deren Leben und Glauben die apostolische und patristische Tradition Zeugnis gibt. Als Folge jener Traditionsbrüche, die namentlich die abendländische Kirche periodisch heimsuchen, ist dieser Schatz heute vielen nahezu unzugänglich geworden. Und dies, obgleich wir doch heute über eine nie da gewesene Fülle wertvoller Ausgaben und Übersetzungen patristischer Texte verfügen. Ziel dieses Buches ist es daher, dem Christen unserer Zeit den Schlüssel zu diesen Schätzen in die Hand zu geben.

Derselbe Schlüssel, die „Praxis", öffnet übrigens auch die Türen zu anderen Schätzen der Kirche, etwa der Liturgie, der Kunst und nicht zuletzt auch der Theologie in der ursprünglichen Bedeutung dieses Wortes als eines „Redens von Gott" nicht aufgrund wissenschaftlichen Studiums, sondern als Frucht innigster Vertrautheit.

Brust des Herrn:
*   Erkenntnis Gottes.*
Wer an ihr ruht,
*   wird Theologe sein*[12].

* * *

Hinweis: Die Väter benutzten durchweg die alte griechische Übersetzung des Alten Testamentes (*Septuaginta*), die wir daher ebenfalls zugrunde legen, auch bezüglich der Zählung der Psalmen.

---

12 Evagrios, *Mn* 120.

Kapitel I

„Wer vom alten Wein getrunken hat"

Kapitel I
„Wer vom alten Wein getrunken hat"[1]

Obwohl es erklärtermaßen nicht unsere Absicht ist, eine historische oder patristische Studie zum Thema „Gebet" zu schreiben, wird auf den folgenden Seiten doch immer wieder auf die „heiligen Väter" der Frühzeit der Kirche in Ost und West verwiesen werden. Dieser ständige Rückgriff auf das, „was von Anfang an war", bedarf einer Rechtfertigung in einer Zeit, da die Neuheit einer Sache gerne als Wertmaßstab betrachtet wird. Hier soll jedoch dem Leser zu Beginn des 21. Jahrhunderts gerade nicht das Allerneueste nahe gebracht werden, sondern im Hinblick auf das Gebet das, was *„uns jene überliefert haben, die von Anfang an Augenzeugen und Diener des Wortes gewesen sind"*[2].

Warum diese Hochschätzung der „Überlieferung" und dieser einzigartige Rang, der dem „Anfang" zuerkannt wird? Oder persönlicher, an den Verfasser dieser Zeilen gewandt: Warum spricht er nicht lieber von seiner eigenen Erfahrung, anstatt ständig seine „heiligen Väter" vorzuschieben? Es dürfte daher nützlich sein, zunächst einmal darzulegen, in welchem „Geist" diese Seiten geschrieben wurden und wie sie zu lesen sind, sowie jenen größeren Zusammenhang zu erhellen, in den auch das Gebet gehört und von dem her allein es zutreffend verstanden werden kann.

*

---
1 Lk 5, 39.
2 Vgl. Lk 1, 2.

1. „Was von Anfang an war"[3]

Der beständige Rückgriff auf das Wort der heiligen Väter hat seinen Grund in Wesen und Sinn dessen, was schon die ältesten Zeugnisse der apostolischen Zeit, die Heilige Schrift selbst, „Überlieferung" (*paradosis*) nennen. Der Begriff ist mehrdeutig, und entsprechend ambivalent ist auch die Stellung der Christen „Traditionen" gegenüber. Was eine „Überlieferung" – im Raum der Offenbarung – wert ist, hängt wesentlich von ihrem „Ursprung" (*archê*) und ihrem Verhältnis zu diesem Ursprung ab.

Es gibt bloß *menschliche* Überlieferungen, deren „Ursprung" also nicht Gott ist, selbst wenn sie sich mit einem gewissen Recht auf ihn berufen können, wie etwa im Falle der, vom mosaischen Gesetz ja sanktionierten, Ehescheidung. „*Von Anfang an* (ap'archês) *war es jedoch nicht so*"[4], da Gott Mann und Frau ursprünglich zu einer untrennbaren Einheit zusammengefügt hatte[5]. Solche „menschlichen Überlieferungen" erklärt Christus für nicht bindend, da sie den Menschen von Gottes eigentlichem Willen fernhalten[6]. Der Herr aber ist gekommen, „*um den Willen dessen zu tun, der ihn gesandt hat*"[7] und um dadurch diesen Willen wieder zur Geltung zu bringen, jenen „*anfänglichen*" und eigentlichen Willen des Vaters nämlich, den erst der Sündenfall mit all' seinen Folgen verdunkelt

---
3 1 Joh 1, 1.
4 Mt 19, 8.
5 Gen 2, 24,
6 Mt 15, 1-20.
7 Joh 4, 34.

hat. Es ist nachgerade das Kennzeichen des Jüngers Christi, dass er sich an *diese* „Überlieferungen der Alten" nicht hält.

Ganz anders verhält es sich hingegen mit den Überlieferungen dessen, *„was von Anfang an war"*, jenem *„alten Gebot"* nämlich, *„das wir von Anfang an haben"*[8], nämlich seit Christus es seinen Jüngern übergeben hat. Es ist uns zuverlässig von *„denjenigen überliefert worden, die von Anfang an Augenzeugen und Diener des Wortes gewesen sind"*[9], den Aposteln, die vom *„Anfang des Evangeliums"*[10] an, d. h. seit der Taufe des Johannes[11] und dem damit verbundenen Offenbarwerden Jesu als Christus, *„bei ihm gewesen sind"*[12].

Diese *„Überlieferungen, die wir gelehrt worden sind"*, gilt es *„festzuhalten"*[13], will man die Gemeinschaft mit dem „Anfang" selbst nicht verlieren. Kein „anderes Evangelium" also, und brächte es „ein Engel vom Himmel"[14], als jenes, das uns am Anfang verkündet worden ist, weil es jedenfalls nicht das „Evangelium Christi" wäre.

Denn Wesen und Sinn wahrer Tradition ist es, *Gemeinschaft* zu haben und zu bewahren: Gemeinschaft mit den „Augenzeugen und Dienern des Wortes" und durch sie mit dem, von dem sie Zeugnis ablegen.

---

8 Vgl. 1 Joh 6, 7.
9 Lk 1, 2.
10 Mk 1, 1.
11 Apg 1, 21 f.
12 Joh 15, 27.
13 2 Thes 2, 15; vgl. 1 Kor 11, 2.
14 Gal 1, 6 ff.

Was von Anfang an war,
   was wir gehört haben,
was wir mit unseren Augen gesehen haben,
   was wir geschaut
und was unsere Hände betastet haben,
   in Bezug auf das Wort des Lebens...,
das verkünden wir auch euch,
   damit auch ihr Gemeinschaft habt mit uns.
Und unsere Gemeinschaft [ist Gemeinschaft]
   mit dem Vater und mit seinem Sohn
Jesus Christus[15].

Diese „Gemeinschaft" (*koinonia*) – der Gläubigen untereinander und mit Gott – ist das, was die Schrift „Kirche" und „Leib Christi" nennt. Sie umfasst alle „Glieder" dieses Leibes, die lebenden wie die bereits „im Herrn verstorbenen". Denn so eng ist die Bindung der Glieder untereinander und mit dem Leib, dass die verstorbenen keine „abgestorbenen Glieder" sind, da „sie alle für Gott leben"[16].

Wer „Gemeinschaft mit Gott" haben will, kann daher niemals von denen absehen, die vor ihm dieser Gemeinschaft gewürdigt worden sind! Im Glauben an ihre „Verkündigung" tritt er, der Nachgeborene, in eben jene Gemeinschaft ein, deren lebendiger Teil jene „Augenzeugen und Diener des Wortes" bereits „von Anfang an" und auf immer sind. Daher ist auch nur jene Kirche wahrhaft „Kirche Christi", die in ungebrochener, lebendiger Gemeinschaft

---
15 1 Joh 1, 1-4.
16 Lk 20, 38.

mit den Aposteln steht, auf die der Herr seine Kirche ja gegründet hat[17].

*

Was hier von dem Festhalten an dem *„anvertrauten kostbaren Gut"*[18] der apostolischen Überlieferung gesagt ist, so wie sie in den Schriften der frühesten Zeugen des Wortes niedergelegt ist, gilt in analoger Weise auch von jenen *„ursprünglichen, ungeschriebenen Überlieferungen"*[19], die zwar nicht direkt in diesen apostolischen Zeugnissen enthalten sind, aber doch nichtsdestoweniger apostolischen Ursprungs sind. Denn ob „geschrieben" oder „ungeschrieben", *„im Hinblick auf die Frömmigkeit haben beide dieselbe Kraft"*, stellt Basileios der Große († 379) fest[20].

Beide Formen apostolischer Überlieferung besitzen nämlich das, was man die *„Gnade des Ursprungs"* nennen könnte, da in ihnen das uns am Anfang anvertraute Gut Gestalt angenommen hat. Wir werden noch sehen, worin diese „nicht geschriebene Überlieferung" im Einzelnen besteht. Hier wollen wir zunächst fragen, wie die Väter selbst ihre Treue dem „Ursprung" gegenüber verstanden.

*

---

17 Eph 2, 20.
18 2 Tim 1, 14.
19 Evagrios, *M.c.* 33, 28.
20 Basileios, *De Spiritu Sancto*, XXVII, 66, 4.

Dieselbe Haltung, die Basileios der Große der kirchlichen Überlieferung gegenüber an den Tag legt, finden wir auch bei seinem Schüler Evagrios Pontikos († 399) hinsichtlich der *geistlichen Tradition des Mönchtums*. So schreibt er etwa an den Mönch Eulogios, dem er einige Fragen des geistlichen Lebens erklären möchte:

> *Nicht aufgrund von Werken indessen, die wir selbst vollbracht haben*[21]*, sind wir dazu gelangt, sondern weil wir „das Beispiel der gesunden Worte"*[22] *haben, die wir von den Vätern gehört haben, und weil wir Zeugen einiger ihrer Taten geworden sind.*
> *Alles aber ist Gnade von oben, die selbst den Sündern die Anschläge der Verführer zeigt, und die auch zur Sicherheit sagt*[23]*: „Was hast du denn, das du nicht empfangen hast?" – damit wir durch das Empfangen dem Geber danken, sodass wir nicht uns selbst das Rühmen der Ehre geben und die Gabe verleugnen. Deshalb sagt sie: „Wenn du also empfangen hast, was rühmst du dich, als habest du nicht empfangen? Ihr seid reich geworden", sagt sie, die ihr der Werke entbehrt, schon seid ihr, die ihr gerade angefangen habt belehrt zu werden, „satt geworden"*[24]*.*

Ein erster Grund, warum man nicht selbst als „Lehrer" auftritt, ist also die demütige Anerkenntnis der elementaren Tat-

---
21 Tit 3, 5.
22 2 Tim 1, 13.
23 1 Kor 4, 7-8.
24 Evagrios, *Vit Prol.*

sache, dass wir alle *Empfangende* sind. Jene „Väter", auf die Evagrios hier verweist, sind u. a. seine eigenen Lehrmeister Makarios der Große und sein Namensvetter, der Alexandriner, durch die er mit dem „Erstling der Anachoreten", Antonios dem Großen, und damit dem Ursprung des Mönchtums selbst verbunden war. An anderer Stelle führt Evagrios den Gedanken weiter aus.

> *Es ist auch notwendig, die Wege jener Mönche zu befragen, die uns in rechter Weise vorausgegangen sind, und uns nach ihnen zu richten. Denn man findet vieles, das von ihnen schön gesagt und getan ward*[25].

Das „Beispiel der gesunden Worte" der Väter und ihre „schönen Taten" sind also ein *Vorbild,* auch dies bedeutet ja das mit „Beispiel" übersetzte griechische Wort (*hypotypôsis*), *nach dem man sich zu richten hat*! Genau dies ist der Grund, warum man schon sehr früh die „Worte und Taten der Väter" nicht nur sammelte, sondern auch immer wieder zitierte. Im Westen denkt übrigens der Mönchsvater Benedikt von Nursia († 547), um nur dieses eine Beispiel zu nennen, nicht anders, wenn er über seine eigene „Anfängerregel" hinaus ausdrücklich auf die *Lehren der heiligen Väter* verweist, die eine verbindliche Richtschnur für alle enthalten, die nach der Vollkommenheit streben[26].

*

---

25 Evagrios, *Pr* 91.
26 *Regula Benedicti* 73, 2 (ed. Holzherr).

Das Studium der heiligen Väter kann also für einen Christen nie bloß wissenschaftlich betriebene *Patrologie* bleiben, die das Leben des Studierenden ja nicht notwendigerweise beeinflussen muss. Das Beispiel der heiligen Väter, ihre Worte und Taten, sind vielmehr ein *zur Nachahmung verpflichtendes Vorbild*. Evagrios bleibt uns die Rechtfertigung für diese Behauptung nicht schuldig!

> *Es geziemt sich denen, die auf dem „Weg" dessen wandeln wollen, der gesagt hat: „Ich bin der Weg und das Leben"[27], dass sie von denen lernen, die zuvor auf ihm gewandelt sind, und sich mit ihnen über das, was nützlich ist, unterhalten, und von ihnen hören, was hilfreich ist, um nicht etwas einzuführen, was unserem Lauf fremd ist*[28].

Sich nicht nach dem Beispiel der heiligen Väter richten und eigene Wege gehen wollen, birgt also die Gefahr in sich, „etwas einzuführen, was unserem Lauf fremd ist", Dinge nämlich, „die dem Mönchsleben absolut fremd sind"[29], weil sie nicht von den „Brüdern", „die uns in rechter Weise vorausgegangen sind", „erprobt" und für „gut" befunden worden sind[30]. Wer so handelt, begibt sich in die Gefahr, von jenem „Weg" der Väter abgekommen, selbst „zum Fremden der Wege unseres Erlösers"[31] zu werden und sich damit dem Herrn, dem „Weg" par excellence, zu entfremden!

---

27 Joh 14, 6.
28 Evagrios, *Ep* 17, 1.
29 Evagrios, *Ant* I, 27.
30 Evagrios, *M.c.* 35, 13-14.
31 Evagrios, *M.c. 13*, 3-4. 14.

Der Hinweis auf das, was „die Brüder als das Allerbeste erprobt haben", macht bereits deutlich, dass keineswegs alles und jedes, was etwa dieser oder jener Vater getan hat, nachgeahmt werden muss, und sei es auch noch so „schön" und wäre der Vater selbst Antonios der Große. Seine extreme Form der *Anachorese* zum Beispiel wage keiner so ohne weiteres nachzuahmen, will er nicht zum Gespött der Dämonen werden[32]. Die Väter selbst wussten also sehr wohl zwischen „persönlichem Charisma" und „Tradition" zu unterscheiden.

*

Sinn und Wesen der Bewahrung der „Überlieferung" ist also für die Väter, ganz wie für die ersten „Augenzeugen und Diener des Wortes", *nicht geistloses Festhalten am Hergebrachten, sondern Bewahrung lebendiger Gemeinschaft*. Wer Gemeinschaft mit dem Vater haben will, kann dazu nur über den „Weg" des Sohnes gelangen. Zum Sohn aber gelangt man nur über jene, „die vor uns auf dem Weg gewandelt sind" und damit selbst *lebendiger Teil* des „Weges" geworden sind. Dies sind zuerst die Apostel als direkte „Augenzeugen des Wortes". „Damit ihr Gemeinschaft habt *mit uns*", schreibt Johannes sehr bestimmt, und Evagrios nennt jenen „Weg" der *„Praktike"*, den er von den Vätern überkommen hat, treffend auch den *„apostolischen Weg"*[33]. „Weg" sind sodann all' jene Väter im Glauben, „die uns in rechter Weise vorausgegangen sind". Nur wer selbst in ihre „Fußstapfen" tritt, darf hoffen, wie sie ans Ziel dieses Weges zu gelangen[34].

---

32 Evagrios, *M.c.* 35, 24-30.
33 Evagrios, *Ep* 25, 3.
34 Evagrios, *Pr* Prol [9].

Es genügt also nicht, sich nur auf den – schwer zu definierenden – „Geist der Väter" zu berufen und auch nicht, bei jeder sich bietenden Gelegenheit *„mit Vergnügen von ihren Taten zu sprechen"*, ansonsten aber alles beim Alten zu lassen. Man muss auch danach streben, diese Taten *„selbst unter größten Mühen zu vollbringen"*[35], will man ihrer Gemeinschaft teilhaftig werden.

Von daher gewinnt der Titel „Erstlingsgabe (*aparchê*) der Anachoreten"[36], den Evagrios dem „gerechten Antonios"[37] beilegt, erst seine ganze Bedeutungstiefe. Antonios der Große ist wohl der zeitlich erste Anachoret, aber das wäre weiter nicht bedeutsam, wäre er nicht auch *„Erstlingsgabe"*. Denn der „Erstling", weil „heilig", „heiligt den ganzen Teig", wie die „heilige Wurzel die Zweige heiligt"[38], sofern sie in lebendiger Gemeinschaft mit ihr verharren. Der „Anfang" besitzt in der Tat, weil vom Herrn selbst gesetzt, eine besondere Gnade, eben die „Gnade der Ursprünglichkeit", des „Prinzips", das nicht nur rein zeitlich am Anfang steht, sondern allem, was mit ihm in lebendiger Gemeinschaft verharrt, den Stempel der Echtheit aufdrückt.

*

Im treuen Festhalten an der lebendigen Gemeinschaft mit dem, „was von Anfang an war", tritt der an Raum und Zeit

---

35 Evagrios, *Eul* 15.
36 Evagrios, *M.c.* 35, 27.
37 Evagrios, *Pr* 92.
38 Röm 11, 16.

gebundene Mensch in das Geheimnis dessen ein, der, frei von diesen Begrenzungen, „gestern und heute und in Ewigkeit derselbe ist"[39], des Sohnes, der im absoluten Sinn selbst „im Anfang"[40] ist. Über Raum und Zeit hinweg schafft diese Gemeinschaft *Identität* und *Kontinuität* mitten in einer Welt, die dem steten Wandel unterworfen ist.

Dieses Mit-sich-selbst-identisch-Bleiben vermögen weder der Mensch als einzelner noch die Kirche als Ganze je aus eigenem zu bewirken. Das „Bewahren des herrlichen anvertrauten Gutes" ist stets Frucht des Wirkens des *„Heiligen Geistes, der in uns wohnt"*[41] und dort vom Sohn „Zeugnis ablegt"[42]. Er ist es auch, der uns nicht nur „in die ganze Wahrheit einführt"[43], sondern auch über die Zeiten hin im Zeugnis der Jünger zuverlässig das Zeugnis des Meisters selbst erkennen lässt[44].

Selig der Mönch,
　der die Gebote des Herrn bewahrt,
und heilig,
　wer die Worte seiner Väter hält[45].

* *

---

39 Heb 13, 8.
40 Joh 1, 1.
41 2 Tim 1, 14.
42 Joh 15, 26.
43 Joh 16, 13.
44 Vgl. Lk 10, 16.
45 Evagrios, *Mn* 92.

2. „Spiritualität" und „geistliches Leben"

Das Gebet gehört in den Bereich dessen, was wir gemeinhin mit dem Begriff „Spiritualität" umschreiben, ja es ist der vornehmste Ausdruck des „geistlichen Lebens" (*vita spiritualis*). Es lohnt sich also nachzufragen, was hier eigentlich mit „geistlich" gemeint ist.

*

Unter „Spiritualität", abgeleitet von *spiritus* = Geist, versteht man im heutigen Sprachgebrauch allgemein das, was mit *„Geistigkeit"*, „innerem Leben" und „geistigem Wesen" zu tun hat, im Unterschied nämlich zu dem, was dem *materiellen*, leiblichen Bereich angehört. In der theologischen Sprache wird „Spiritualität" oft einfach mit *„Frömmigkeit"* gleichgesetzt. Man kann daher von verschiedenen „Spiritualitäten" sprechen, etwa im Sinn der unterschiedlichen Frömmigkeitsformen oder „Mystiken" der einzelnen Orden; neuerdings spricht man auch von einer eigenen „Laienspiritualität". Da der Begriff also sehr weit und ziemlich vage gefasst ist, ist selbst außerhalb des Christentums von den unterschiedlichen „Spiritualitäten" der großen Weltreligionen die Rede.

Eine so unscharfe Fassung des Begriffs „Spiritualität" wirkt sich höchst negativ auf das *christliche* Verständnis des „geistlichen Lebens" aus. Denn da erscheint nun auch vieles als „geistlich", was tatsächlich einer ganz anderen Sphäre angehört. Dies wird sogleich deutlich, wenn wir uns der Schrift und dann den Vätern zuwenden. Denn hier bezieht sich das Adjektiv „geistlich" (*pneumatikos*) in dem uns interessierenden Zusammenhang eindeutig auf die Person des *Heiligen Geistes*!

*

Der „Heilige Geist", im Alten Bund zunächst noch als unpersönliche „Kraft" Gottes verstanden, offenbart sich im Neuen Bund als jener *„andere Paraklet"*, den der Sohn, unser eigentlicher Paraklet (Fürsprecher) beim Vater[46], seinen Jüngern nach seiner Verherrlichung vom Vater her gesandt hat[47], damit er nach seiner Rückkehr zum Vater „auf ewig bei ihnen bleibe"[48], sie „alles lehre"[49] und „in die ganze Wahrheit einführe"[50].

Dieser andere Paraklet manifestiert sich, nachdem ihn die Jünger an Pfingsten empfangen haben, durch sein eigenständiges *Wollen* und *Handeln* ganz eindeutig als „Person". Nun wird deutlich, dass er nicht nur allgemein die menschlichen Verfasser der Heiligen Schrift „inspiriert" hat, sondern dass er selbst unmittelbar durch ihren Mund spricht[51]. Sein Zeugnis tritt nun selbstständig neben das der Apostel[52], und als diese ihre epochale Entscheidung zugunsten der Heidenmission fällen, stellen sie fest: *„Es hat dem Heiligen Geist und uns gefallen*, euch keine weiteren Lasten aufzuerlegen" usw[53].

---

46 1 Joh 2, 1.
47 Joh 15, 26; 20, 22.
48 Joh 14, 16.
49 Joh 14, 26.
50 Joh 16, 13.
51 Apg 1, 16; 4, 25 usw.
52 Apg 5, 32.
53 Apg 15, 28.

Jeder, der den Heiligen Geist empfangen hat, ist ein „Geistbegabter" (*pneumatikos*), d. h. ein Mensch, der dank des Heiligen Geistes, „vom Geist gelehrt", nun auch die „geistlichen Dinge" (*ta pneumatika*) auf „geistliche Weise" (*pneumatikôs*) zu beurteilen und zu erkennen vermag. Im Gegensatz nämlich zu dem sinnlichen „natürlichen Menschen" (*psychikos*), der die „Dinge des Geistes Gottes" weder anzunehmen noch zu erkennen vermag, eben weil er den Geist Gottes nicht besitzt und ihm die „Weisheit Gottes" daher als „Torheit" gilt[54].

„Geistlich" bedeutet bei Paulus demnach hier und in anderem Zusammenhang stets *„geistbegabt"* – vom *Heiligen Geist* gewirkt oder beseelt, und ist keineswegs bloß schmückendes Beiwort! Die heiligen Väter haben sich die paulinische Unterscheidung zwischen „geistlich" (*pneumatisch*) und „natürlich" (*psychisch*) zu eigen gemacht und auf das „geistliche Leben" angewandt, wie wir noch sehen werden. Hier mag zunächst uns ein Blick auf einen der großen Meister des geistlichen Lebens genügen.

Im Prinzip bedarf der getaufte Christ neben dem Heiligen Geist keines anderen *Lehrers*. Es genügt, dass jene „Salbung" des Heiligen Geistes, die er von dem „Heiligen" empfangen hat[55], in ihm „bleibt", denn *„sie belehrt ihn über alles"*[56] und führt ihn in die ganze Wahrheit ein, wie Christus verheißen hat. Diese „Salbung" hat er indessen durch Handauflegung jener empfangen, die sie bereits vor ihm empfangen haben,

---
54 1 Kor 2, 6-16.
55 1 Joh 2, 20.
56 1 Joh 2, 27.

jene Zeugen Christi nämlich, denen er auch seinen Glauben verdankt. Um in der Gemeinschaft mit Christus und durch ihn mit dem Vater verharren zu können, muss er also in der Gemeinschaft mit jenen Zeugen[57] und der von ihnen übermittelten „anfänglichen" Lehre verharren[58].

*

Getreu dieser apostolischen Tradition meint daher Evagrios, der seine Worte stets sehr wohlüberlegt benutzt, wenn er etwas „geistlich" nennt, damit in aller Regel, dass es „vom Geist gewirkt" bzw. „vom Geist beseelt" ist. So heißt etwa die „geistliche Kontemplation"[59], deren Gegenstand die „geistlichen Gründe" der Dinge sind[60], deshalb „geistlich", weil der Heilige Geist der *Offenbarer* göttlicher Dinge ist[61].

Desgleichen werden die Tugenden[62], allen voran die Liebe[63], „geistlich" genannt, weil sie „Früchte des Heiligen Geistes" sind[64], der sie im Getauften wirkt. Der „geistliche Lehrer"[65] heißt so, weil er als „geistlicher Vater" eine ganz bestimmte „Geistesgabe" empfangen hat[66], also im paulinischen Sinn ein „Geistbegabter" (*pneumatikos*) ist. Nach dem Zeugnis seines Schülers Palladios war „der selige Evagrios", ein Mann „voller

---

[57] 1 Joh 1, 3.
[58] 1 Joh 2, 7. 24.
[59] Evagrios, *M.c.* 40, 7.
[60] Evagrios, *M.c.* 8, 5.
[61] Evagrios, 59 *in Ps* 118, 131.
[62] Evagrios, *Or* 132.
[63] Id. *Or* 77.
[64] Gal 5, 22 f. Vgl. Evagrios, 4 *in Ps* 51, 10 u. ö.
[65] Evagrios, *Or* 139.
[66] Evagrios, *Ep* 52, 7.

Unterscheidungsgabe", selbst ein solcher „Geistträger" (*pneumatophoros*)⁶⁷.

„Meine Seele hing an dir,
deine Rechte umfing mich":
Wenn der, der „dem Herrn anhangt, ein Geist [mit ihm] ist"⁶⁸, *David aber ,dem Herrn anhing' dann ward er also ein Geist [mit ihm]. ‚Geist' aber nennt er den, Geistbegabten°, gleichwie die ‚nicht prahlende Liebe' den bezeichnet, der die Liebe besitzt*⁶⁹.

*

In diesem Sinn wird nun auch das *Gebet*, das ja der Inbegriff des „geistlichen Lebens" ist, sehr oft „geistlich" (*pneumatikê*) genannt⁷⁰, denn es ist ja Anbetung des Vaters *„in Geist und Wahrheit"*⁷¹, d. h. *„in seinem Heiligen Geist und in seinem eingeborenen Sohn"*⁷², weshalb es oft auch *„wahres* Gebet" genannt wird⁷³. Dem Heiligen Geist kommt dabei die Aufgabe zu, dieser Gabe des Vaters⁷⁴ den Weg zu bereiten. Denn würde dieser wahre Lehrer des „geistlichen Gebetes" uns „Unwis-

---

67 Palladios, *Historia Lausiaca* 11 (Butler 34, 11).
68 1 Kor 6, 17.
69 Evagrios, 3 *in Ps* 62, 9.
70 Evagrios, *Or* 28. 50. 63. 72. 101.
71 Joh 4, 23.
72 Evagrios, *Or* 59.
73 Id. *Or* 41. 65. 76. 113. Vgl. G. Bunge, Geistgebet, Kapitel VI: „In Geist und Wahrheit".
74 Evagrios, *Or* 59.

sende" nicht „heimsuchen"[75], wüssten wir ja nicht einmal, wie wir beten sollen[76]!

> *Der Heilige Geist, „voll Mitleid mit unserer Schwachheit"[77], sucht uns selbst dann heim, wenn wir noch unrein sind. Und wenn er den Intellekt bloß voll Liebe zur Wahrheit zu ihm betend findet, kommt er über ihn und zerstört die ganze ihn umlagernde Phalanx der Gedanken oder Vorstellungen, und treibt ihn zu heftigem Liebesverlangen nach dem geistlichen Gebet an[78].*

Auf dem Höhepunkt des „geistlichen Lebens" bestimmt dieser Heilige Geist dann derart das – nun als „mystisch" zu bezeichnende – Geschehen, dass ein syrischer Vater treffend von der Stufe der „*Geisthaftigkeit*" sprechen kann oder eben, wenn dieser Begriff nicht jeden konkreten Inhalt eingebüßt hätte, von der Stufe der „Spiritualität".

> *Wie nun die Zielscheibe sich den Pfeilen gegenüber verhält, so ergeht es dem Intellekt am Ort der Geisthaftigkeit, um die Schau der Kontemplationen zu empfangen. Denn gleichwie es nicht von der Zielscheibe abhängt, welchen Pfeil sie empfängt, sondern von dem Bogenschützen, der auf sie schießt, ebenso hängt es auch nicht von dem Intellekt ab, wenn er den Ort der Geisthaftigkeit betreten hat, welche Kontemplation er betrachtet, sondern von dem Geist, der ihn führt. Der Intellekt hat*

---

75 Id. *Or* 70.
76 Vgl. Röm 8, 26.
77 Röm 8, 26.
78 Evagrios, *Or* 63.

nämlich keine Herrschaft mehr über sich selbst, sobald er den Ort der Geisthaftigkeit betreten hat, sondern jede Kontemplation, die sich selbst ihm zeigt, die betrachtet er, bis er eine andere empfängt, und dann verlässt [er sie] und wendet seinen Blick von der ersten ab[79].

*

So viel wir auch von „Spiritualität" sprechen und so gerne wir auch das Beiwort „geistlich" verwenden, die *Person des Heiligen Geistes* ist in der „Spiritualität" des Abendlandes der große Abwesende, wie schon oft beklagt worden ist. Dies hat zur Folge, dass wir vieles als „geistlich", „spirituell" betrachten, was tatsächlich noch voll und ganz dem Bereich des „psychischen Menschen" angehört, dem gerade die „Gabe des Geistes" fehlt. Gemeint sind hier all' jene Dinge, die dem Bereich der „Gefühle", „Empfindungen" usw. zuzurechnen sind, denn sie sind durchweg irrationaler Natur und keineswegs „geistlich" im Sinne von *geistgewirkt*.

Wie Evagrios von seinem „weisen Lehrer" Gregor von Nazianz gelernt hat, „ist die vernünftige Seele *dreiteilig*"[80], d. h. sie hat einem „vernünftigen", logosbegabten (*logistikon*) und einem „irrationalen" Teil (*alogon meros*)[81]. Letzterer besteht wiederum aus den beiden „Vermögen"[82] des „Begehrens" (*epithymikon*) und des „Zornmutes" (*thymikon*), die zusammen auch als der „leidenschaftliche Teil" (*pathêtikon meros*) der Seele

---
79 Jausep Hazzaya, *Briefe* S. 190.
80 Evagrios, *Pr* 89.
81 Evagrios, *Pr* 66. 89.
82 Evagrios, *Pr* 49 u.ö.

bezeichnet werden[83]. Denn durch diese beiden „Kräfte", die wir übrigens mit den Tieren gemeinsam haben[84], verkehren wir mit der sinnlichen Welt, und auf diesem Weg vermögen die „irrationalen" Leidenschaften in die Seele einzudringen[85], die dann den „rationalen Teil" verwirren und blenden.

Das Gebet gehört nun durchaus diesem „logischen Teil" der Seele an, ja es ist „der vorzüglichste und echteste Gebrauch des Intellektes"![86] Gebet ist keine Sache des „Gefühls" und schon gar nicht der „Sentimentalität", was indessen nicht heißt, dass es sich um einen rein „intellektuellen Akt" im modernen Sinn des Wortes handelte. Denn „Intellekt" (*nous*) ist nicht gleich „Verstand", sondern am ehesten mit „Wesenskern", „Person" oder biblisch „innerer Mensch" wiederzugeben[87]. Evagrios kennt übrigens sehr wohl auch ein „Empfinden des Gebetes"[88], wie wir noch sehen werden.

Hier mag uns die Feststellung genügen, dass wir gut daran täten, mit den Vätern sorgfältig zu unterscheiden zwischen dem, was wirklich „geistlich" ist, nämlich von der Person des Heiligen Geistes gewirkt, und all' dem, was dem Bereich des „psychischen Menschen" mit seinen mannigfaltigen irrationalen Wünschen und Begierden angehört. Denn letztere sind im besten Fall wertneutral, meist jedoch Ausdruck unserer „Selbstverliebtheit" (*philautia*), des „ersten aller [bö-

---

[83] Evagrios, 1 *in Ps* 25, 2.
[84] Evagrios, *Sk* 40; 2 *in Ps* 57, 5.
[85] Evagrios, *Pr* 34. 37. 38.
[86] Evagrios, *Or* 84.
[87] Vgl. unseren Artikel „Nach dem Intellekt leben", in Simandron – Der Wachklopfer, Gedenkschrift K. Gamber, Köln 1989, 95-109.
[88] Evagrios, *Or* 43.

sen] Gedanken"[89]. Diese aber ist gerade das Gegenteil jener „Freundesliebe zu Gott" (*pros theon philia*), d. h. jener *„vollkommenen und geistlichen Liebe, in der das Gebet in Geist und Wahrheit wirksam ist"*[90].

*

3. „Aktion" und „Kontemplation"

Die Unterscheidung zwischen einem „praktischen" (oder „aktiven") und einem „theoretischen" (oder „kontemplativen") Leben ist sehr alt; sie hat vorchristliche Ursprünge. Die heiligen Väter haben sie übernommen, dabei jedoch die beiden Begriffe mit einem neuen, spezifisch christlichen Inhalt gefüllt. Sie bilden nun die beiden Säulen des geistlichen Lebens und damit auch des Gebetes. Wie so oft, haben sich jedoch auch hier, namentlich im Westen, Bedeutungsverschiebungen eingeschlichen, wie ein Blick auf unsere Alltagssprache lehrt.

„Theorie" und „Praxis" – in dieser Reihenfolge! – gelten hier als zwei ganz verschiedene Dinge. Dem versponnenen „Theoretiker" stellt man gerne den nüchternen „Praktiker" gegenüber. Vieles wird als bloßes „Theoretisieren" abgetan, das vor der „praktischen Erfahrung" keinen Bestand hat. „Theorie" und „Praxis" verhalten sich in unserer Alltagssprache etwa so zueinander wie – grob gesagt – ungesicherte Vermutung und gesichertes Wissen.

---

[89] Evagrios, *Sk* 53.
[90] Id. *Or* 77.

Die Väter hätten sich über eine solche Umwertung der Werte, d. h. die vollkommene Verkennung dessen, was „Praxis" und „Theorie" – in dieser Reihenfolge! – ihrem Wesen nach und im Verhältnis zueinander sind, wahrscheinlich nicht genug wundern können, denn ihre Wertung setzt die Akzente genau umgekehrt.

> „Der Herr liebt die Tore Zions mehr als alle Zelte Jakobs":
> *Der Herr liebt sowohl den „Praktikos" als auch den „Theoretikos". Mehr als ersteren indessen den „Theoretikos". Denn Jakob [der den Praktikos symbolisiert]*[91] *wird mit „Fersenhalter"*[92] *übersetzt, Zion*[93] *hingegen mit „Aussichtsposten"*[94]*.*

Wir werden weiter unten auf die Beziehung zwischen *„Praktikos"* und *„Theoretikos"* und die Gründe für diese Vorliebe Gottes für Letzteren eingehen.

*

Nicht viel besser ist es auch den beiden lateinischen Entsprechungen der genannten griechischen Begriffe ergangen: *Aktion* und *Kontemplation*. Die Bedeutungs- und Bewertungsverschiebungen, die hier eingetreten sind, dürften letztlich wohl auch für die Umkehrung und Umwertung von „Praxis" und

---

91 Vgl. Evagrios, 8 *in Ps* 77, 21.
92 Vgl. Gen 25, 26.
93 Hier ein Symbol des kontemplativen Intellektes, vgl. Evagrios, 1 *in Ps* 149, 2.
94 Id. 1 *in Ps* 86, 2.

„Theorie" verantwortlich sein. Sie berühren die Wurzeln unseres modernen Selbstverständnisses und damit unmittelbar auch unser Verständnis von Sinn und Wesen des geistlichen Lebens.

Unter einem „aktiven Leben" verstehen die meisten Christen heute wohl ein Leben „aktiver", d. h. tätiger Nächstenliebe. Verflüchtigt sich die ursprünglich religiöse Motivation, wird daraus reines „soziales Engagement".

Diesem „aktiven Leben" steht das nach allgemeiner Vorstellung nur wenigen vorbehaltene „kontemplative Leben" gegenüber, wie es von den sogenannten „kontemplativen Orden" in der Abgeschiedenheit ihrer Klausur gepflegt wird. Ein Leben der „Beschaulichkeit" (*contemplatio*) göttlicher Dinge also. Das gemeinsame und persönliche *Gebet* wird geradezu als die vornehmste Beschäftigung dieser kontemplativen Orden betrachtet.

Richtet sich das Tun im erstgenannten Fall vornehmlich *nach außen*, auf den Nächsten, so im letztgenannten wesentlich *nach innen*. Es ist daher verständlich, dass die Wertungen, die diese Lebensformen heute meist erfahren, in krassem Gegensatz zu dem oben zitierten Text des Evagrios stehen, der dem „Theoretiker" (Kontemplativen) ja eindeutig den Vorzug gab. In der Vorstellung der meisten Menschen sind etwa die sogenannten „aktiven Orden" bei weitem „nützlicher" als die rein „kontemplativen". Erstere werden denn bisweilen auch von kirchenfeindlichen Maßnahmen verschont, während die kontemplativen Orden noch Anfang des 20. Jahrhunderts

(Frankreich) als (sozial) „nutzlos" leichten Herzens unterdrückt werden.

In jüngster Zeit zeichnet sich allerdings eine gewisse Neubewertung der beiden Lebensformen ab. Da Aktivität leicht in „Aktivismus" ausartet, die den Menschen letztlich leer lässt, wenden sich mehr und mehr Gläubige und Ordensleute verschiedenen Formen der „Meditation" zu, und nicht wenige widmen auch alle zur Verfügung stehende Zeit der „Kontemplation".

*

Die heiligen Väter wären, wie gesagt, sehr befremdet gewesen, hätte man ihnen so von „Theorie" und „Praxis", „aktivem" und „kontemplativem" Leben gesprochen. Gewiss, auch sie unterschieden genau zwischen einem *„Praktikos"* und einem *„Theoretikos"*. Beide sind z. B. ganz verschiedenen Versuchungen ausgesetzt und haben verschiedene Kämpfe zu bestehen. Hat es der erstere vor allem mit den *Leidenschaften* zu tun, so letzterer vornehmlich mit *Irrtümern auf dem Gebiet der Erkenntnis*[95]. Daher bekämpft ersterer die Widersacher mittels der Tugenden, letzterer *„reißt, sich der Lehre der Wahrheit bedienend, jeden hohen Bau nieder, der sich wider die Erkenntnis Gottes erhebt"*[96].

---

95 Id. 5 *in Ps* 143, 7.
96 Id. 2 *in Ps* 26, 3 (Zitat 2 Kor 10, 5).

Heißt es auch, dass Gott den „*Theoretikos*" mehr liebt als den „*Praktikos*", wie wir sahen, wohnt doch der eine bereits im *Hause Gottes* selbst, während ersterer noch in dessen *Vorhöfen* weilt[97], besteht die *Kirche* doch aus beiden, „Praktikern" und „Theoretikern"[98]! Und dass diese stets die „Kirche des Herrn" ist, kann Evagrios auch sagen:

> *Ein Gnostikos und ein Praktikos*
> *begegneten einander,*
> *zwischen beiden jedoch*
> *stand der Herr*[99].

In Wirklichkeit handelt es sich bei „Praktikos" und „Theoretikos" indessen überhaupt nicht um zwei verschiedene Subjekte und dementsprechend auch nicht um zwei verschiedene „Wege", zwischen denen man sogar nach Belieben oder Veranlagung frei wählen könnte, sondern um *ein und dieselbe Person*, jedoch auf unterschiedlichen Stufen ein und desselben geistlichen Weges[100]. „Praktikos" und „Theoretikos" verhalten sich nämlich zueinander wie *Jakob* und *Israel*[101], die ja auch ein und dieselbe Person sind. Aus Jakob, dem „Praktikos"[102], wird, nachdem er mit dem Engel gerungen und „Gott von Angesicht zu Angesicht *geschaut* hat"[103], Israel, der „*Gott Schauende*". Denn nach antiker Etymologie „be-

---

97 Id. 1 *in Ps* 133, 1.
98 Id. 7 *in Ps* 140, 4b.
99 Evagrios, Mn 121. Der „mit Erkenntnis Begnadete" *(gnôstikos)* steht hier für den „Kontemplativen" *(theôrêtikos)*.
100 Id. 2 *in Ps* 117, 10.
101 8 *in Ps* 77, 21.
102 Vgl. Evagrios, *Or* Prol.
103 Gen 32.

zeichnet Israel den Theoretikos, denn dieser Name bedeutet übersetzt *ein Mensch, der Gott schaut*"[104].

*

Ebenso verhält es sich natürlich auch mit dem *Gebet*. Wie alle Dinge hat es zwei Seiten oder Aspekte. Der *„praktischen Weise"* steht die *„theoretische"* (kontemplative) gegenüber. Sie verhalten sich zueinander wie „Buchstabe" und „Geist", wobei natürlich der Geist dem Buchstaben vorausgeht und ihm erst „Sinn" (*nous*) verleiht. Daraus folgt, dass beide „Weisen" untrennbar voneinander sind! So ist es denn auch ein und derselbe „Jakob", der zuerst sieben Jahre um die ungeliebte „Lea", Symbol der mühevollen „Praktike", dient, und dann noch einmal sieben Jahre um die ersehnte „Rachel", Symbol der Kontemplation[105].

Wenn nun die „theoretische Weise" des Gebetes in der Kontemplation (oder Erkenntnis) des dreifaltigen Gottes und seiner Schöpfung, die erste „Theologike" und die zweite „Physike" genannt, besteht, was ist dann unter der „praktischen Weise" zu verstehen? Sie ist Teil dessen, was Evagrios *„Praktike"* nennt und folgendermaßen definiert:

> *Die Praktike ist eine geistliche Methode, die den leidenschaftlichen Teil der Seele gänzlich reinigt*[106].

---
104 Vgl. Eusebios, *Praeparatio Evangelica* VII, 8, 28 (Mras).
105 Evagrios, *Or* Prol.
106 Id. *Pr* 78.

Diese „geistliche Methode" basiert im Wesentlichen auf dem „Halten der Gebote"[107], dem die Übung all' dessen zu Hilfe kommt, was wir unter „Askese" im umfassenden Sinn verstehen. Ihr Ziel ist es, der Seele mit Gottes Hilfe ihre natürliche „Gesundheit"[108] zurückzugeben, die in der „Apatheia", der Freiheit von den sie verfremdenden „Krankheiten" (oder Leidenschaften – *pathê*) besteht. Ohne diese, stufenweise erworbene[109], Leidenschaftslosigkeit artet das geistliche Leben und damit auch das Gebet in *Selbsttäuschung* aus, die den Menschen nur noch weiter von Gott entfernt.

> *Gleichwie es einem Augenkranken keinen Nutzen bringt, unbedeckt und anhaltend in die pralle und brennende Mittagssonne zu schauen, ebenso ist es auch für den leidenschaftlichen und unreinen Intellekt durchaus nicht von Nutzen, das Ehrfurcht gebietende und überragende Gebet in Geist und Wahrheit nachzuahmen. Im Gegenteil, er wird vielmehr die Gottheit wider sich zum Unwillen reizen!*[110]

Von seinen Leidenschaften „verwirrt" und „geblendet"[111], gerät mancher durch solche „Niederlagen" sogar in die Gefahr, schließlich zum „Haupt verlogener Lehren und Meinungen" zu werden[112], und so nicht nur sich selbst zu täuschen, sondern auch andere in die Irre zu führen.

*

---
107 Id. *Pr* 81.
108 Id. *Pr* 56.
109 Id. *Pr* 60.
110 Id. *Or* 146.
111 Id. *KG* V, 27.
112 Id. *KG* V, 38.

Das „aktive Leben" beinhaltet also im Verständnis der Väter sehr wohl ein *Tun* (Praxis), das aber nicht bloß nach außen gerichtet ist, bzw. überhaupt nicht zwischen „innen" und „außen" unterscheidet. Die „Praktike" umfasst vielmehr den gesamten Bereich der Beziehungen des Menschen zu sich selbst, zu seinem Nächsten und zu den Dingen; sie wird daher auch „Ethik" (*êthikê*) genannt[113].

„Praktike" und „Theoretike" sind nicht zwei voneinander unabhängige „Wege", zwischen denen man je nach persönlicher Neigung wählen könnte, sondern die beiden großen Etappen ein und desselben Weges. Die „*theôria*" (Kontemplation) ist gleichsam der natürliche „Horizont" der „Praxis", die auf dieses ihr Ziel, auf das hin sie angelegt ist und von dem her allein sie ihre Daseinsberechtigung erhält, schrittweise hinführt.

Dies sind die Worte, die die Väter [ihren geistlichen Söhnen] beständig wiederholen:
Den Glauben, Kinder, macht die Furcht Gottes fest
und diese wiederum die Enthaltsamkeit;
letztere aber machen Geduld und Hoffnung unbeugsam,
aus welchen die Leidenschaftslosigkeit geboren wird, deren Spross die Liebe ist.
Die Liebe aber ist das Tor zur natürlichen Erkenntnis, auf welche die Theologie und die letztendliche Beseligung folgen[114].

---

113 Id. 1 *in Ps* 143, 1.
114 Id. *Pr* Prol [8].

All' jene, auf den ersten Blick rein „äußeren Aspekte" des Gebetes, denen in der Folge so große Bedeutung beigemessen wird, gehören samt und sonders der „praktischen Weise des Gebetes" an, wiewohl sie in ihrem *Sosein* bereits ihr Ziel, die „kontemplative Weise" als ihren natürlichen Horizont in sich enthalten.

Sie sind, wie die *Praktike* allgemein, mit Mühen verbunden, ganz wie das entbehrungsreiche Leben Jakobs während seines jahrelangen Werbens um die geliebte Rachel. Und doch handelt es sich nicht um eine wie auch immer geartete „*Selbsterlösung*"! Denn das Ziel der *Praktike*, die *Apatheia* oder „Reinheit des Herzens", die den Menschen erst zum „Gottschauenden" macht[115], ist stets Frucht des *Zusammenwirkens* von „göttlicher Gnade und menschlichem Eifer"[116]. Dem Hochmütigen, der sich einbildet, alles aus eigener Kraft erlangt zu haben, rät Evagrios daher, er möge sich daran erinnern, dass er allein „*durch Christi Gnade* zur Leidenschaftslosigkeit gelangt ist'!"[117]

Die „kontemplative Weise des Gebetes" selbst ist denn auch, ganz wie die „Theôria" allgemein, reines „Charisma"[118], eine unverdiente „*Gabe*" des Vaters[119] an jene, die er ihrer würdig gemacht hat[120].

* *

---

115 Mt 5, 8.
116 Evagrios, 12 *in Ps* 17, 21.
117 Evagrios, *Pr* 33.
118 Id. *Or* 87.
119 Id. *Or* 59. 70.
120 Id. 7 *in Ps* 13, 7 und sehr oft.

4. „Psalmodie" – „Gebet" – „Meditation"

Man begegnet heute nicht selten Leuten, auch Geistlichen, die rundheraus erklären, sie würden nicht mehr „beten", sondern nur noch „meditieren". Eine reiche Literatur zum Thema „Meditation", Lehrkurse und dergleichen zeigen, dass das „Gebet" unter den Christen offenbar in eine Krise geraten ist. Etwas besser steht es mit der Psalmodie, bzw. dem „Psalmengebet", wie man gerne sagt, das heute noch vornehmlich von den Ordensgemeinschaften gepflegt wird, aber auch das Herzstück des „Stundengebetes" der gesamten Kirche, Gläubige und Klerus, bildet.

*

Psalmodie, Gebet und Meditation sind seit alters her fester Bestandteil des geistlichen Lebens des „biblischen Menschen". Aber was verstehen die heiligen Väter darunter? Beginnen wir mit Psalmodie und Gebet.

> *Wenn du noch nicht das Charisma des Gebetes oder der Psalmodie empfangen hast, dann [bitte] beharrlich, und du wirst empfangen!*[121]

Die hier offenbar vorausgesetzte *Unterscheidung* zwischen Psalmodie und Gebet, die in den Schriften der frühen Väter ganz selbstverständlich ist, mutet den modernen Menschen

---

[121] Evagrios, *Or* 87.

fremd an[122]. Sind Psalmodie und Gebet nicht ein und dasselbe, sodass man zu Recht vom „Psalmengebet" oder dem „Beten der Psalmen" sprechen kann? Und ist der Psalter nicht das „Gebetbuch der Kirche" par excellence, die es ihrerseits von der Synagoge übernommen hat? Die Väter hätten geantwortet: Ja und nein, *„psalmodieren ist noch nicht beten"*, denn beide sind zwar untrennbar, gehören aber verschiedenen Ordnungen an.

> *Die Psalmodie gehört [dem Bereich] der* „mannigfaltigen Weisheit"[123] *an, das Gebet hingegen ist Vorspiel der immateriellen und nichtmannigfaltigen Erkenntnis*[124].

Wie mag das zu verstehen sein? Sehen wir zunächst zu, was die Schrift, namentlich der Psalter selbst, über Psalmodie und Gebet sagen.

*

Ein „Psalm" ist ein *„Lied"*, das als solches die unterschiedlichsten Inhalte haben kann. Die Bibelwissenschaft hat denn auch die 150 Psalmen verschiedenen literarischen Gattungen zugewiesen. Ein solches „Lied" wurde im Alten Bund, wie viele Psalmenüberschriften noch erkennen lassen, vielfach mit musikalischer Begleitung vorgetragen, so etwa mittels des zehnsaitigen „Psalterion".

---

122 Vgl. G. Bunge, Geistgebet, Kapitel I: „Psalmodie und Gebet".
123 Eph 3, 10.
124 Evagrios, *Or* 85.

Diesen musikalischen Vortrag nannte man „*Psallieren*" und den Künstler selbst einen „*psalmôdos*" oder „*psaltês*", d. h. einen *Psalmensänger*. In fünf Bücher zusammengefasst, hat die frühe Kirche diese „Lieder Israels" von dem Volk des Alten Bundes übernommen und im Laufe der Zeit zu einem festen Bestandteil ihres eigenen Gottesdienstes gemacht. Sie hatte jedoch ihre eigene Weise, dieses „Buch der Psalmen" zu lesen.

Nicht zu Unrecht hat man den Psalter eine Summe der ganzen Schrift des Alten Bundes in hymnischer Form genannt. Die Kirche hat ihn daher von Anfang an, wie überhaupt die Bücher des Alten Testamentes, als auf die Erfüllung in Christus hinzielendes *prophetisches Wort* des Heiligen Geistes gelesen[125]. Dies erklärt bereits zum Teil, was Evagrios meint, wenn er die Psalmodie dem Bereich der „mannigfaltigen Weisheit Gottes" zuweist, sie also als Zeugnis jener „Weisheit" betrachtet, die sich in Schöpfung und Heilsgeschichte widerspiegelt, von denen die Schrift des Alten Bundes insgesamt Zeugnis gibt.

Der Psalter ist somit für die Christen zunächst *Heilige Schrift*, sein Autor David, ein vom Heiligen Geist inspirierter Prophet[126]. Als auf Christus und seine Kirche hin offenes prophetisches *Wort Gottes an den Menschen* wird er denn auch im Neuen Testament ständig zitiert, mehr als jedes andere Buch des Alten Testamentes.

„Gebet" hingegen, aber auch „Hymnus" und „Lobpreis" (*doxologia*) ist *ein Sprechen des Menschen zu Gott*, oder nach der

---

125 Vgl. Lk 24, 44.
126 Vgl. Mt 22, 43.

Definition des Klemens von Alexandrien, die Evagrios sich zu eigen machen wird[127], eine „*Zwiesprache mit Gott*"[128].

Für dieses „Sprechen zu Gott", aber auch für „Hymnus" und „Lobpreis", bietet der Psalter nicht wenige Vorbilder, die sich der christliche Beter unmittelbar zu Eigen machen kann. Weite Teile des Psalters haben jedoch formal nichts von einem „Gebet" an sich. Neben langen Betrachtungen über die wechselvolle Geschichte Israels finden sich sogar nicht wenige Psalmen bzw. Teile derselben, deren Verwünschungen der „Feinde" dem modernen Beter als das gerade Gegenteil christlichen Betens erscheinen! Um sich den *ganzen* Psalter zu Eigen machen zu können und in wahrhaft christliches Beten zu verwandeln, auch jene ungeliebten Passagen, bedarf es der eifrigen Übung in der „Meditation".

*

Unter „Meditation" (*meletê*) verstanden die Väter, wie schon der Psalmist selbst, ein beständiges, halblautes[129] Wiederholen bestimmter Verse oder ganzer Abschnitte der Heiligen Schrift, mit dem Ziel, deren „*verborgenen Sinn*" zu erfassen, der nicht allen ohne weiteres zugänglich ist[130]. Denn „wir wissen ja, dass das Gesetz geistlich ist"[131] und somit die ganze Heilige Schrift, weshalb man sie „*auf intelligible und geistliche Weise*

---

127 Evagrios, *Or* 3.
128 Klemens von Alexandrien, *Stromateis* VII, 39, 6.
129 Vgl. Ps 34, 38; 36, 30; 70, 24.
130 Evagrios, *in Prov* 23, 1.3 : Géhin 250.
131 Röm 7, 14.

verstehen muss"¹³². Evagrios gibt daher auch einmal „Meditation" einfach mit „Betrachtung", Kontemplation, „Schauung" (*theôria*), wieder¹³³. Statt von „meditieren" war auch in der Schrift bereits von „nachsinnen" oder „gedenken" die Rede. Evagrios nennt ein solches kontemplatives „Meditieren" der Psalmen in Anlehnung an Ps 137,1 ein „Psallieren vor den Engeln", besteht doch das vornehmste Tun der Engel in der Kontemplation Gottes und seiner Werke¹³⁴.

> „Vor den Engeln will ich dir psallieren":
> *Vor den Engeln psallieren bedeutet, ohne Zerstreuung psallieren, wobei unser Intellekt entweder nur von den durch den Psalm bezeichneten Dingen geprägt wird, oder auch nicht geprägt wird. Oder vielleicht psalliert derjenige „vor den Engeln", der die Bedeutung der Psalmen erkennt*¹³⁵.

Er lässt sich also von der Vielfalt ihrer Bilder, aber auch der Mannigfaltigkeit der Erkenntnisgegenstände nicht „zerstreuen", sondern betrachtet nur den „verborgenen Sinn" des Textes. Dies ist kein leichtes Unterfangen, weshalb denn Evagrios die „Psalmodie ohne Zerstreuung" sogar für ein größeres Ding hält, als das „Beten ohne Zerstreuung"¹³⁶, ist doch das Gebet, wie wir oben sahen, das „Vorspiel der immateriellen und nichtmannigfaltigen Erkenntnis" des einen Gottes.

*

---

132 Evagrios, *in Prov* 23, 1.3 : Géhin 251.
133 Evagrios, 41 *in Ps* 118, 92.
134 Id. *KG* III, 4.
135 Id. 1 *in Ps* 137, 1.
136 Id. *Pr* 69.

Gegenstand dieser „Meditation" ist Gott[137], so wie er sich in jenen mannigfaltigen „Werken"[138] von Ewigkeit her offenbart[139]. Diese „Werke" geben Zeugnis von seiner „Weisheit"[140], seiner „Gerechtigkeit"[141], seinen „Rechtsentscheidungen"[142] und „Gerichten"[143], die alle Ausdruck jener „mannigfaltigen Weisheit" sind, von der Evagrios sprach.

Der Beter findet diese „Zeugnisse"[144] niedergelegt in den „Worten" Gottes[145], d. h. seinem „Gesetz"[146] und seinen „Geboten"[147], in den Schriften des Alten Bundes also, die von seinen „Wundertaten"[148] Zeugnis ablegen. Der verborgene Sinn der Schrift erschließt sich indessen nicht von selbst, erst der auferstandene Herr hat seinen Jüngern die Augen dafür geöffnet.

> *„Dies sind meine Worte, die ich zu euch geredet habe, als ich noch bei euch war: Alles müsse erfüllt werden, was im Gesetz des Moses und in den Propheten und Psalmen über mich geschrieben steht." Da öffnete er ihnen den Sinn, damit sie die Schriften verständen, und sprach zu ihnen: „Es steht geschrieben, dass der Christus auf diese*

---

137 Ps 62, 7.
138 Ps 67, 12; 142, 5.
139 Ps 76, 6.
140 Ps 36, 30.
141 Ps 70, 16. 24.
142 Ps 118, 16. 23. 48. 117.
143 Ps 118, 52.
144 Ps 118, 24. 99.
145 Ps 118, 148.
146 Ps 1, 2; 118, 70. 77. 92. 97.
147 Ps 118, 15. 47. 78. 143.
148 Ps 104, 5; 118, 27.

Weise leiden und am dritten Tage von den Toten auferstehen werde, und dass auf seinen Namen hin Buße zur Vergebung der Sünden gepredigt werden solle unter allen Völkern, beginnend mit Jerusalem. Ihr seid Zeugen dafür"[149].

In diesem Geist haben dann die Apostel die Heiligen Schriften *auf Christus hin* gedeutet, wie etwa Paulus, der in den Geschehnissen des Alten Bundes „Vorbilder" (*typoi*) des Neuen erblickt[150] und daher etwa jenen „Felsen", aus dem Israel in der Wüste trank, als einen „geistlichen Felsen" (*pneumatikê petra*) bezeichnet und dann feststellt: „Der Felsen aber war Christus"[151].

„Meditation" bedeutet daher für die heiligen Väter vornehmlich, mittels einer *„typologischen"* Deutung der alttestamentlichen Schriften deren verborgenen *christlichen* Sinn zu erfassen. Denn im Gefolge des Herrn und seiner Jünger bestand für sie kein Zweifel daran, dass Gott in den Heiligen Schriften *„durch seine heiligen Propheten über seinen Christus gesprochen hatte"*[152]. So hatte etwa David „durch den prophetischen Geist die die *Inkarnation Christi* betreffenden Dinge erkannt"[153].

*

---

149 Lk 24, 44-48.
150 1 Kor 10, 6.
151 1 Kor 10, 4.
152 10 *in Ps* 88, 20.
153 8 *in Ps* 139, 13.

Biblische „Meditation" hat es somit vornehmlich mit den objektiven Gegebenheiten der *Heilsgeschichte* zu tun, in denen Gott sich selbst, seinen „Namen"[154], und sein Tun offenbart. Das „Sinnen" über die rätselhafte Geschichte des auserwählten Volkes[155] oder auch das eigene Geschick, in dem sich diese Geschichte wiederholt, ist indessen nie Selbstzweck, sondern will stets zum „Gedenken Gottes"[156] selbst hinführen und damit auch zum „Gebet" im eigentlichen Sinn. Denn im Gebet antwortet der Mensch auf dieses Heilshandeln Gottes, sei es in der Bitte, dem Hymnus oder dem Lobpreis.

„Meine Lippen brechen in einen Hymnus aus,
wenn du mich deine Rechtsentscheide lehrst":
Wie dem Wohlgemuten das Psallieren eigen ist, „ist einer wohlgemut unter euch, so psalliere er"[157], *heißt es ja, so das Hymnensingen denen, die die Gründe der „Rechtsentscheide" schauen.*
Indessen geziemt das Psallieren den Menschen, das Hymnensingen hingegen den Engeln bzw. denen, die eine fast engelgleiche Verfassung besitzen. So hörten auch die im Freien nächtigenden Hirten die Engel nicht psallieren, sondern Hymnen singen und sagen: „Ehre sei Gott in der Höhe und auf Erden Friede unter den Menschen seines Wohlgefallens!"[158]

---

154 Ps 118, 55.
155 Ps 77.
156 Ps 62, 7; 76, 4.
157 Jak 5, 13.
158 Lk 2, 14.

> *„Guter Mut" nun besteht in der Leidenschaftslosigkeit der Seele, die einem durch [das Halten] der Gebote Gottes und durch die wahren Lehren zuteil wird, ein „Hymnus" hingegen ist Lobpreis, verbunden mit betroffenem Staunen über die Schau der durch Gott gewordenen Dinge*[159].

*

Aus dem Gesagten erhellt, dass für die heiligen Väter „Psalmodie", „Gebet" und „Meditation" durchaus verschiedene, wenngleich aufs engste miteinander verflochtene Dinge waren.

> *Man sagte von Johannes Kolobos, dass er, wenn er von der Ernte oder einem Besuch der Altväter zurückkam, sich dem Gebet, der Meditation und der Psalmodie widmete, bis sein Denken seine ursprüngliche Ordnung wiedererlangt hatte*[160].

Beherzigte man wieder diese Unterscheidung, die doch einen Reichtum darstellt, würden viele Probleme, die mancher heute namentlich mit der Psalmodie hat, die immer noch das Herzstück des Stundengebetes bildet, gegenstandslos. Psalmodie ist zunächst einmal *Schriftlesung*, auch wenn hier „Schrift" und „Lesung" von ganz besonderer Art sind. Der Psalm ist – *alttestamentliches* – Gotteswort, das man als solches zunächst im Glauben annehmen muss, und zwar voll-

---

159 Evagrios, 79 *in Ps* 118, 171.
160 Apophthegma *Johannes Kolobos* 35.

ständig und unverfälscht, samt all' jener Teile, an denen unser modernes Empfinden Anstoß nimmt.

„Spiritualisieren", *im Heiligen Geist auf Christus und seine Kirche hin öffnen*, darf man dieses alttestamentliche Gotteswort weder durch mildernde Übersetzungen und schon gar nicht, wie heute üblich geworden, durch Auslassungen! Allein eine vom Geist der Apostel und der heiligen Väter inspirierte „Meditation" vermag diese „Spiritualisierung" zu leisten. Denn den Schlüssel zu einer solchen *Öffnung auf Christus und seine Kirche* hin findet der Christ allein in der Art und Weise, wie der Herr selbst, dann die Apostel und in seiner Folge die heiligen Väter das alttestamentliche Gotteswort „typologisch" gelesen haben.

Im persönlichen „Gebet", das ja ursprünglich auf jeden Psalm des Stundengebetes folgte, schließt sich dann der Kreis wieder, indem sich der Mensch nun in ganz vertrauter „Zwiesprache" an den wendet, der sein Heilswerk durch unzählige Generationen und die Wechselfälle der Geschichte, trotz menschlicher Tragödien und sündhaften Versagens, schließlich in Christus zur Vollendung geführt hat.

* * *

Kapitel II

Orte und Zeiten

Kapitel II
Orte und Zeiten

„Beten" ist zwar seinem Wesen nach ein geistiges Geschehen zwischen Gott und Mensch, und unser „Intellekt" wäre aufgrund seiner geistigen Natur an sich auch in der Lage, ohne den Leib zu beten, wie Evagrios versichert[1]. Indessen besteht der konkrete, *historische Mensch* aus Seele und Leib, und da letzterer an Raum und Zeit gebunden ist, geschieht menschliches Beten tatsächlich auch stets in Raum und Zeit. Die Wahl des passenden Ortes und der am besten geeigneten Stunden des Tages bzw. der Nacht sind daher keineswegs unwesentliche Voraussetzungen für das, was die Väter „wahres Gebet" nennen.

Bereits die ältesten Kommentatoren des Herrengebetes haben sich daher entsprechende Fragen gestellt und für uns festgehalten, was *seit apostolischen Zeiten* in der Kirche als wesentlich betrachtet wurde. Schon Origenes zählt, nachdem er auf die entsprechende „innere Verfassung" hingewiesen hat, unter den für das Gebet notwendigen Dingen den geeigneten „*Ort*", die traditionell übliche Ausrichtung, die „*Himmelsrichtung*", und die günstigste „*Zeit*" auf. An diese Reihenfolge wollen auch wir uns halten.

* *

---
[1] Evagrios, *Pr* 49.

1. „Wenn du betest, geh' in deine Kammer"[2]

Für viele Christen bedeutet „beten" heute nur mehr, an einem *gemeinsamen*, also öffentlichen Gottesdienst oder einer Andacht teilzunehmen. Das persönliche, regelmäßige, mehrmals am Tag verrichtete Gebet ist weitgehend verschwunden oder hat den vielfältigen Formen der „Meditation", oft außerchristlichen Ursprungs, Platz gemacht. Für den biblischen Menschen ebenso wie für die heiligen Väter war es hingegen selbstverständlich, nicht nur regelmäßig und zu festgesetzten Zeiten am gemeinsamen Gebet aller Gläubigen teilzunehmen, sondern sich darüber hinaus auch ebenso regelmäßig zum persönlichen Gebet zurückzuziehen.

So hören wir von unserem Herrn Jesus Christus, in dessen irdischem Tun die Christen zu allen Zeiten ein *richtungweisendes Vorbild* gesehen haben, dass er regelmäßig an den Sabbatfeiern in den Synagogen Palästinas teilnahm, wie er auch, schon als Kind, zu den großen Festen nach Jerusalem pilgerte. Daran war an sich nichts Ungewöhnliches, denn ähnlich dürfte es damals jeder fromme Jude gehalten haben. Was seine Jünger jedoch besonders beeindruckt zu haben scheint und was sie uns daher mehrfach überliefert haben, war sein ganz *persönliches Beten*.

Christus hatte offenbar die Gewohnheit, regelmäßig *„für sich allein"* zu beten[3]. Zu dieser ganz vertrauten Zwiesprache mit

---
2 Mt 6, 6.
3 Lk 9, 18.

seinem himmlischen Vater zog er sich mit Vorliebe „*an wüste Orte*"[4] oder „*allein auf einen Berg*"[5] zurück. Zum persönlichen Gebet suchte Christus also bewusst die *Einsamkeit* auf und entzog sich daher regelmäßig für eine Weile der Menge, zu der er sich doch gesandt wusste[6], und selbst seinen Jüngern[7], die ihn sonst ständig begleiteten. Selbst im Garten Gethsemane, wohin er sie doch als Zeugen eigens mitgenommen hatte, ließ er seine engsten Vertrauten, Petrus und die beiden Söhne des Zebedäus, zurück und entfernte sich „*einen Steinwurf weit*" – und damit außer Hörweite – von ihnen, um ganz alleine im Gebet sein zu Tode erschrockenes Herz dem Willen des Vaters zu übergeben[8].

Was er zeitlebens selbst praktiziert hatte, hat er auch ausdrücklich seine Jünger gelehrt. Entgegen einem verbreiteten frommen Brauch, auf den öffentlichen Plätzen und an den Ecken der Straßen im Gebet stehen zu bleiben, wenn das Trompetensignal den Beginn des Morgen- und Abendopfers im Tempel ankündigte, gebietet Christus, sich zum Gebet in die verborgenste „*Kammer*" des eigenen Hauses zurückzuziehen, wo einen nur der „verborgene Vater" sehen und hören kann[9].

*

---

4 Mk 1, 35; Lk 5, 16.
5 Mt 14, 23. Vgl. Mk 6, 46; Lk 6, 12; 9, 28.
6 Vgl. Mk 1, 38.
7 Mk 1, 36 f.
8 Lk 22, 41 par.
9 Mt 6, 5-6.

Die Apostel und nach ihnen die heiligen Väter haben es ebenso gehalten. Wir sehen Petrus und Johannes zusammen „zur neunten Stunde des Gebetes" zum Tempel hinaufsteigen[10], ebenso die ganze versammelte Urgemeinde „einmütig im Gebet verharren"[11], andererseits aber auch Petrus *allein* „um die sechste Stunde auf das Dach steigen, um zu beten"[12].

Wie man sieht, kann man an jedem beliebigen Ort beten, an dem man sich gerade befindet. Nichtsdestoweniger wird man sich, wenn man sich dem *persönlichen* Gebet widmen will, einen dafür geeigneten Ort aussuchen. Petrus befand sich auf Reisen und ihm blieb, wenn er allein sein wollte, nur die Wahl des flachen Daches des Hauses, in dem er zu Gast war.

Zu einer Zeit, da es für einen Christen noch selbstverständlich war, täglich regelmäßig zu beten, befassen sich die Väter auch mit der Frage nach dem passenden Ort für dieses persönliche Gebet.

> *Von dem Ort [des Gebetes] muss man wissen, dass, wenn man nur recht betet, jeder Ort zum Beten geeignet ist. Denn* „an jedem Orte, spricht der Herr, bringt ihr mir Räucherwerk zum Opfer dar"[13]*, und:* „Ich will nun, dass die Männer beten an jedem Ort"[14].

---

10 Apg 3, 1.
11 Apg 1, 14 u.ö.
12 Apg 10, 9.
13 Mal 1, 11.
14 1 Tim 2, 8.

> *Damit aber ein jeder in Ruhe und ohne Ablenkung seine Gebete verrichten kann, so gibt es auch eine Anordnung, dass man im eigenen Haus womöglich die sozusagen heiligste Stelle auswählen und [dort...] beten soll*[15].

Die ersten Christen und selbst die Anachoreten der ägyptischen Wüste, reservierten in der Tat, wenn immer ihnen dies möglich war, einen bestimmten, ruhig gelegenen und in bestimmter Weise orientierten Raum ihres Hauses, um dort ihre privaten Gebete zu verrichten. Die *Oratorien* der frühen ägyptischen Wüstenväter, jene der Kellia etwa, die man seit einigen Jahrzehnten wieder vom Sand befreit hat, sind denn auch leicht als solche zu erkennen[16]. Das hinderte die Christen natürlich nicht, mit Vorliebe auch dort zu beten, „wo sich die Gläubigen versammeln, wie dies natürlich ist", fährt Origenes fort,

> *da [dort] sowohl Engelmächte neben den Massen der Gläubigen stehen als auch „die Kraft unseres Herrn"*[17] *und Heilandes selbst, ferner auch Geister von Heiligen, und zwar, wie ich glaube, von bereits abgeschiedenen, offenbar aber auch von solchen, die noch am Leben sind, wenn auch das „Wie" nicht leicht anzugeben ist*[18].

Dieses herrliche Zeugnis eines kraftvollen, lebendigen Bewusstseins von dem, was wir „Gemeinschaft der Heiligen"

---

15 Origenes, *De Oratione* XXXI, 4.
16 Vgl. G. Descœudres, Kirchen und Oratorien in den Eremitagen der Mönchssiedlung Kellia, Habilitationsschrift, Zürich 1994.
17 Vgl. 1 Kor 5, 4.
18 Origenes, *De Oratione* XXXI, 5.

nennen, aber nur noch schwer zu erfahren vermögen, entstammt einer Zeit, da die Christen als verfolgte Glaubensgemeinschaft noch kaum „Kirchen" im eigentlichen Sinn bauen und ihren eigenen Vorstellungen entsprechend gestalten durften, sondern sich meist in den Sälen großer Privathäuser versammeln mussten.

*

Die heiligen Väter haben sich natürlich auch die Warnung Christi vor jeder öffentlichen Zurschaustellung der eigenen Frömmigkeit, d. h. der *Heuchelei*, jenes subtilen Lasters gerade der „Frommen", sehr zu Herzen genommen.

> *Auf Plätzen zu beten*
>   *rät die eitle Ruhmsucht an,*
> *doch wer diese bekämpft,*
>   *betet in seiner Kammer*[19].

Wir wissen aus vielen Berichten, dass die Wüstenväter alles daransetzten, ihr asketisches Tun – und namentlich ihr Beten – unter allen Umständen im Verborgenen zu üben. Das Beispiel Christi und auch mancher Väter lässt jedoch erkennen, dass es dabei nicht nur um die Vermeidung der Sünde der Eitelkeit ging. Gebet ist ja seinem tiefsten Wesen nach eine „Zwiesprache des Intellektes mit Gott", bei der die Gegenwart anderer unter Umständen *zerstreuend* wirken kann.

---

19 Evagrios, *O. sp.* VII, 12.

Abba Markos sprach zu Abba Arsenios: „Warum fliehst du uns?" Da sprach der Altvater zu ihm: „Gott weiß, dass ich euch liebe. Aber ich kann nicht mit Gott und [zugleich] mit den Menschen sein. Die oberen Tausende und Myriaden [von Engeln] haben [nur] einen Willen[20], die Menschen aber haben viele Willen. Ich kann Gott nicht lassen und zu den Menschen gehen[21].

Doch die Gefahr der Zerstreuung durch die Gegenwart anderer, auf die wir auch im gemeinschaftlichen Gebet Rücksicht nehmen müssen, ist noch nicht der letzte Grund für das Verlangen des wahren Beters nach Einsamkeit. Im „Sein mit Gott", von dem Arsenios sprach, geschehen nämlich zwischen Schöpfer und Geschöpf Dinge, die ihrem Wesen nach nicht für fremde Augen und Ohren bestimmt sind.

Ein Bruder ging zu dem Kellion des Abba Arsenios in der Sketis. Er schaute durch das Fenster, und da erblickte er den Altvater ganz wie Feuer. Der Bruder war aber würdig, dies zu sehen. Und als er anklopfte, kam der Altvater heraus und sah den Bruder ganz erschreckt und sagte zu ihm: „Klopfst du schon lange? Hast du hier nicht irgendetwas gesehen?" Und der antwortete: „Nein". Und nachdem er mit ihm gesprochen hatte, entließ er ihn[22].

---

20 Vgl. Mt 6, 10.
21 Apophthegma *Arsenios* 13.
22 Apophthegma *Arsenios* 27.

Dieses geheimnisvolle „*Glutgebet*" ist uns auch aus anderen Vätern bekannt[23]. Evagrios spricht davon[24], ebenso Johannes Cassianus[25]. Seine Zeit ist vornehmlich die *Nacht*, deren Dunkelheit die sichtbare Welt unseren Augen entzieht, sein Ort die bloße „Wüste", der uns von allem trennende hohe „Berg", und wo diese nicht erreichbar sind, eben die verborgene „Kammer".

*

2. „Blicke nach Osten, Jerusalem!"[26]

Uns allen ist aus der Alltagssprache der Begriff „Orientierung" bestens vertraut. Die meisten verbinden damit jedoch wohl nur die Vorstellung einer bestimmten „Ausrichtung". Wer „die Orientierung verliert", hat eben Richtung und Ziel aus den Augen verloren. Kaum einer ist sich noch bewusst, dass „Orientierung" ganz präzise „*Ostung*" meint, „sich orientieren" daher bedeutet, sich der Himmelsrichtung Osten, dem Sonnenaufgang (*anatolê*) zuzuwenden. Wäre die wahre Bedeutung des Begriffes noch bekannt, würde man nicht gedankenlos von einer „Ostung nach Westen" sprechen.

Desgleichen weiß heute, außer den Liturgiewissenschaftlern, kaum noch jemand, dass alle christlichen Kirchen „geostet"

---
23 Apophthegmata *Isaias* 4; *Joseph von Panepho* 6. 7.
24 Evagrios, *Or* 111.
25 Cassian, *Conl* IX, 15 ff.
26 Bar 4, 36.

sind bzw. im Prinzip geostet sein sollten[27], weil die Christen seit alters *nach Osten gewandt zu beten pflegten,* dem kosmischen Punkt des *„Aufgangs"* der Sonne zugewandt, nicht einfach der Sonne, wie das auch die Heiden taten.

Diese Wendung nach Osten im Gebet ist in den Augen der heiligen Väter von so großer Bedeutung, dass es sich lohnt, bei diesem Thema etwas länger zu verweilen. Origenes ist kategorisch: *Es gibt keinen Grund, der einen Christen davon abhalten könnte, sich im Gebet nach Osten zu wenden!*[28] Schon in alter Zeit hat man sich auch die Frage gestellt, warum das so zu sein hat.

> *Frage: Wenn Gott, der Herr der Natur des Alls, bei der Schöpfung alles nach Art des Kreises festgelegt hat, weshalb uns auch David geboten hat, den Herrn „an jedem Ort der Herrschaft des Herrn zu preisen"*[29], *und der Apostel uns desgleichen aufgetragen hat, „an jedem Ort heilige Hände zu Gott zu erheben"*[30] *– weshalb senden wir dann, als betrachteten wir die Himmelsrichtung des Sonnenaufgangs als ehrwürdiges Werk und als göttliche Wohnung, dorthin blickend Hymnen und Gebete zu Gott empor? Und wer hat die Christen diese Sitte gelehrt?*
> *Antwort: Da bei uns das Ehrwürdigere zur Ehre Gottes bestimmt wird, nach Meinung der Menschen aber der Aufgang ehrwürdiger ist als die anderen Richtungen der Schöpfung, deshalb verneigen wir uns zur Zeit des Ge-*

---
27 *Constitutiones Apostolicae* II, 57, 3 (ed. Funk).
28 Origenes, *De Oratione* XXXI, 1.
29 Ps 102, 22.
30 1 Tim 2, 8.

betes alle nach Aufgang hin. Gleichwie wir mit der rechten Hand im Namen Christi jene [segnend] versiegeln, die dieses Siegels bedürfen, weil sie für ehrwürdiger als die linke gehalten wird, obgleich sie durch Setzung, nicht von Natur aus, von dieser verschieden ist, ebenso wird auch der Aufgang, als ehrwürdigere Richtung der Schöpfung, zur Anbetung Gottes bestimmt.
Die Tatsache, dass wir unsere Gebete nach Aufgang zu verrichten, widerspricht übrigens keineswegs dem Wort des Propheten bzw. des Apostels. Denn „an jedem Ort" ist für den Betenden der Aufgang vorhanden. Und weil wir in jene Richtung [gewandt] anbeten, wo wir den Gesichtssinn haben, es aber unmöglich ist, zur Zeit des Gebetes in die vier Richtungen der Schöpfung zu blicken, deshalb verrichten wir, in eine Richtung der Schöpfung blickend, unsere Anbetung, weder weil allein sie das Werk Gottes wäre, noch weil sie zum Wohnort Gottes bestimmt worden wäre, sondern weil sie zum Ort der von uns Gott dargebrachten Anbetung bestimmt worden ist.
Den Brauch aber zu beten, hat die Kirche von jenen empfangen, von denen sie auch den Brauch empfangen hat, wo man betet, das heißt von den heiligen Aposteln[31].

Die hier aufgeworfene Frage ist nur zu berechtigen. Seit alters beten die Juden in Jerusalem an und die Samaritaner auf dem Garizim[32], und wenn sich ein frommer Jude außerhalb der Heiligen Stadt befand, wandte er sich im Gebet in Richtung Jerusalem, wo der Tempel Gottes stand[33]. Doch mit der An-

---

31 Pseudo-Justinus Martyr, *Quaestiones et responsiones ad orthodoxos,* 118. Frage (ΒΕΠ 4, S. 129 f.).
32 Joh 4, 20.
33 Dan 6, 10.

kunft Christi entfällt im Prinzip diese *ortsgebundene* Ausrichtung. Der „Ort" der Gegenwart Gottes ist *Christus* selbst. Die „wahren Anbeter des Vaters" beten ihn von nun an *„in Geist und Wahrheit"* an[34], d. h. nach der Deutung des Evagrios, *„in seinem Heiligen Geist und seinem eingeborenen Sohn"*[35].

Der unbekannte Autor der „Antworten" stellt denn auch ohne Umschweife fest, dass der christliche Brauch (*ethos*), sich im Gebet nach Osten gewandt zu verneigen, auf menschlicher Setzung (*thesei*) beruhe und nicht naturgegeben (*physei*) ist. Indessen handelt es sich um eine *apostolische* Tradition, eine jener Traditionen indessen, die uns nicht *schriftlich* übermittelt worden sind, wie Basileios der Große feststellt, sondern „im Verborgenen" (*en mysteriô*) weitergegeben worden sind[36]. Damit wird bereits deutlich, dass dieser Brauch auf die eine oder andere Weise mit *Christus* in Beziehung stehen muss.

Der unbekannte Autor der oben zitierten Fragen und Antworten äußert sich dazu nicht weiter; andere – frühere und spätere Väter – werden uns darüber ausführlich Auskunft geben. Interessant ist jedoch seine Bemerkung, dass wir uns notwendigerweise in der *Richtung unseres Gesichtssinnes* verneigen. Der Mensch hat in der Tat ein *Antlitz*, im leiblichen wie im geistigen Sinn, das er dem zukehrt, an den er sich wenden will, eine Geste von tiefer symbolischer Bedeutung, wie jeder aus Erfahrung weiß.

*

---
34 Joh 4, 23.
35 Evagrios, *Or* 59.
36 Basileios, *De Spiritu Sancto* XXVII, 66, 13 f.

Seit apostolischer Zeit wenden sich die Christen also im Gebet nach Osten und dorthin gewandt verneigen sie sich in diese Richtung anbetend vor Gott. Sie tun dies natürlich nicht etwa, weil allein dort Gott geschaut würde, wie Gregor von Nyssa bemerkt[37]. Warum aber dann? Nun, das war schon im 4. Jh. nicht mehr allen bekannt.

Deshalb schauen wir zwar alle beim Gebet nach Osten, doch wenige wissen, dass wir auf der Suche nach der ursprünglichen Heimat, dem Paradies, sind, das Gott in Eden, nach Osten hin, pflanzte[38].

Der erste und wichtigste Grund, warum die Christen Osten für ehrwürdiger als die anderen drei Himmelsrichtungen halten und sich dorthin zum Gebet wenden, ist also *heilsgeschichtlicher Natur*: Die Lage des Paradieses „im Osten"[39]. Das Paradies ist jener Ort, an dem Gottes „anfänglicher", ursprünglicher und eigentlicher Wille in der Schöpfung Wirklichkeit wurde. Die Sünde des ersten Menschenpaares hat dann diese Ordnung gestört und zu seiner Vertreibung aus dieser „ursprünglichen Heimat" geführt[40]. Nichtsdestoweniger blieb dieser anfängliche Schöpfungswille Gottes bestehen. Deshalb war in der Strafe auch schon die Verheißung enthalten, dass diese Vertreibung nicht endgültig sein würde.

Gott „wies" also Adam – und offensichtlich auch seine Frau – „aus dem Paradies". Was aber hinausgewiesen

---

37 Gregor von Nyssa, *De Oratione Dominica* 5 (PG 44, 1184).
38 Basileios, *De Spiritu Sancto* XXVII, 66, 60 f.
39 Gen 2, 8.
40 Gen 3, 23 f.

wurde, hat Gelegenheit zurückzukehren. Denn Gott hat ihn nicht ohne Hoffnung auf Rückkehr weggeschickt, sondern so, dass er, von Gott [dem Paradies] „gegenüber angesiedelt"[41]*, in Erinnerung daran lebe, während er es fest im Auge hat*[42].

Christi Heilstat besteht nun ganz ausdrücklich darin, diese Verheißung zu erfüllen und damit Gottes *anfänglichen Willen* in der Schöpfung wieder zur Geltung zu bringen. Daher sagt er etwa im Bezug auf die Ehescheidung, die er nun für verboten erklärt, obgleich sie doch vom mosaischen Gesetz gestattet war:

Im Anfang jedoch ist es nicht so gewesen![43]

Dieser „Anfang" (*archê*) bezieht sich nicht auf einen bloß zeitlichen Beginn, sondern verweist vielmehr im grundsätzlichen Sinn auf das *„Prinzip"* der Schöpfung und ihrer *ursprünglichen Ordnung*, die darum auch trotz des Sündenfalls bestimmend bleibt. Daher darf der Mensch also nicht trennen, was Gott *„am Anfang"* zusammengefügt hat, selbst wenn das Gesetzt es „um der Herzenshärte" der Menschen willen zeitweilig erlaubt hat[44]. Mit dieser absoluten Autorität, die sogar das mosaische Gesetz aufzuheben vermag, vermag allein das WORT zu sprechen, das selbst *„im Anfang bei Gott*

---

41 Gen 3, 24.
42 Didymos der Blinde, *In Genesim* VII, 16, 9 ff. (Nautin).
43 Mt 19, 8.
44 Mt 19, 4 – 6.

war"⁴⁵ und daher mit dem *anfänglichen und eigentlichen Willen* Gottes des Vaters vollkommen eins ist.

Wenn der Christ daher nach Osten gewandt seinen Schöpfer anbetet, dann ersteht vor seinem geistigen Auge das Paradies als jene „ursprüngliche Heimat", wo er ganz er selbst ist: in vollkommener Harmonie mit seinem Schöpfer lebend, mit dem er dort ja *von Angesicht zu Angesicht* spricht, in Harmonie mit seinesgleichen, mit sich selbst und mit den Geschöpfen, die ihn umgeben. Er schaut den „Baum des Lebens", von dem er durch Christi Kreuzestod nun nicht mehr ausgeschlossen ist, weshalb denn die Gebetsrichtung Osten auch seit alters her durch ein *Kreuz* an der Wand markiert ist. Von daher wird verständlich, dass es auch erst diese Ostung im Gebet ist, die dem Beter die ganze heilsgeschichtliche Tiefe der Bitte des Vaterunsers um Vergebung der Sünden zum Bewusstsein bringt, wie Gregor von Nyssa sehr tiefsinnig darlegt.

Wenn wir also im Gebet [nach Osten] blicken und uns den Abfall von den lichten und östlichen Orten der Seligkeit in Gedanken ins Gedächtnis rufen, gelangen wir ganz von alleine zum Verständnis des Wortes [: Vergib uns unsere Schulden, wie auch wir vergeben unseren Schuldigern, und führe uns nicht in Versuchung]⁴⁶.

*

---
45 Joh 1, 1.
46 Gregor von Nyssa, *De Oratione Dominica* 5 (PG 44, 1184 B C).

Jene „Schulden", die wir selbst gemacht haben, wurzeln in jener Urschuld Adams, von der allein das Kreuz Christi uns zu erlösen vermochte[47]. Dies führt uns zu dem zweiten heilsgeschichtlichen Grund, den die Väter für den uralten Brauch, nach Osten gewandt zu beten, anführen: die *Heilstat Christi*, in der der ursprüngliche Schöpfungswille Gottes eschatologische Wirklichkeit wird. In seiner Summe des orthodoxen Glaubens schreitet Johannes Damascenus, Erbe einer reichen theologischen Überlieferung, den ganzen Bogen dieser Heilsgeschichte ab.

Nicht grundlos und zufällig beten wir gegen Aufgang an, sondern weil wir aus einer sichtbaren und einer unsichtbaren, d. h. einer sinnlichen und einer geistigen Natur zusammengesetzt sind, bringen wir dem Schöpfer auch eine doppelte Anbetung dar; gleichwie wir auch mit dem Geiste psallieren und mit den leiblichen Lippen, und getauft werden mit Wasser und Geist, und auf zweifache Weise mit dem Herrn verbunden werden, indem wir an den Mysterien teilhaben und an der Gnade des Geistes.
Weil also Gott ein geistiges „Licht" ist[48] *und Christus in den Schriften „Sonne der Gerechtigkeit"*[49] *und „Aufgang"*[50] *genannt wird, darum ist ihm der Aufgang zur Anbetung geweiht. Denn alles Schöne ist Gott zu weihen, durch den alles Gute gut ist.*
Es sagt aber auch der göttliche David: „Ihr Reiche der Erde, psallieret dem Herrn, der über die Himmel der

---
47 Kol 2, 14.
48 1 Joh 1, 5.
49 Mal 4, 2.
50 Zach 3, 8; Lk 1, 78.

Himmel hinschreitet gegen Aufgang"⁵¹. *Ferner aber auch sagt die Schrift: „Es pflanzte Gott das Paradies in Eden gegen Aufgang; darin setzte er den Menschen, den er gebildet"⁵², und nach der Übertretung vertrieb er ihn und „siedelte ihn gegenüber dem Paradiese der Wonne an"⁵³, gegen Untergang nämlich⁵⁴. Das alte Vaterland also suchend und nach demselben hinblickend, beten wir Gott an. Auch das Mosaische Zelt aber hatte den Vorhang und den Sühnealtar gegen Aufgang⁵⁵. Auch der Stamm Juda, als der geehrtere, schlug sein Lager gegen Aufgang auf⁵⁶. Auch in dem berühmten Tempel Salomons aber war die Pforte des Herrn gegen Aufgang gelegen⁵⁷.*

Aber auch der gekreuzigte Herr sah gegen Untergang⁵⁸ und so beten wir an, gegen ihn (nach Osten gewandt) blickend. Und als er gen Himmel fuhr, schwebte er gegen Aufgang⁵⁹, und so beteten ihn die Apostel an, und so wird er kommen, wie sie ihn in den Himmel fortgehen

---

51 Ps 67, 34.
52 Gen 2, 8.
53 Gen 2, 8.
54 Aus dem hebräischen, nicht dem griechischen Text von Gen 3, 24 zu erschließen.
55 Aus Lev 16, 14 erschlossen.
56 Num 2, 3. Aus Juda stammt der Messias!
57 1 Chr 9, 18.
58 Wohl aus Lk 23, 45 erschlossen: Die Sonne verdunkelte sich, um anzudeuten, dass Christus, die „Sonne der Gerechtigkeit", der „Aufgang", sich im Tod dem Untergang (Westen) zuwandte, um dann in den Hades abzusteigen. Vgl. Athanasios, *In Psalmum* 67, 5, wo die Worte, „Ihm, der über den Westen hinfährt", gedeutet werden, „Ihm, der bis in die Unterwelt hinabgestiegen ist". Vgl. Athanasius, Ausgewählte Schriften II (BKV), Kempten 1875, S. 581.
59 Vgl. Athanasios, *In Psalmum* 67, 35 (a.a.O. S. 591): „Weil er im Vorhergehenden (d. h. in Vers 5) das Leiden Christi und sein Hinabsteigen bis in die Unterwelt verkündet hat, deshalb verkündet er auch seine Auffahrt in den Himmel. Die Worte ‚gegen Aufgang' aber stehen gleichnisweise. Wie nämlich die Sonne vom Untergang zum Aufgang emporsteigt, in gleicher Weise erhob sich auch der Herr gleichsam aus den Winkeln der Unterwelt in den Himmel des Himmels." Vgl. auch Evagrios, 21 in Ps 67, 34 (unter Verweis auf Eph 4, 10).

> *sahen[60], wie der Herr selbst sagte:* „Gleichwie der Blitz ausgeht von Anfang und bis Untergang scheint, so wird auch die Ankunft des Menschensohnes sein."[61] *Ihn also erwartend, beten wir gegen Aufgang an. Ungeschrieben aber ist diese Überlieferung der Apostel; denn vieles haben sie uns ungeschrieben überliefert*[62].

Was auf den ersten Blick nur wie eine Sammlung von Belegstellen für den ungeschriebenen apostolischen Brauch der Anbetung nach Osten aussieht, erweist sich bei näherem Zusehen als theologisch durchdachte und sowohl biblisch als auch patristisch wohl fundierte Einheit.

Johannes Damascenus beginnt mit einer allgemeinen Feststellung: die doppelte, leiblich-sinnliche und seelisch-geistige Natur des Menschen erfordert auch eine *doppelte Anbetung*. Der Gedanke stammt wohl von Origenes: die innere, geistige Haltung im Gebet fordert sinnvollerweise einen ihr gemäßen Ausdruck in der Haltung des Beters[63]. Wenn sich der Christ anbetend *im Geist* dem Herrn zuwendet, muss dies auch *im Leib* in entsprechender Weise sichtbar werden.

Nach dieser allgemeinen Feststellung geht Johannes Damascenus zum „Schriftbeweis" über. Da das „Licht" und entsprechend auch der „Aufgang" des Lichtes in der Heiligen Schrift Metaphern für Gott und seinen *Christus* sind, wird der Auf-

---

60 Apg 1, 11.
61 Mt 24, 27.
62 Johannes Damascenus, *De Fide Orthodoxa* IV, 12. Übersetzung H. Hand, (BKV), Kempten 1880, S. 244 f.
63 Origenes, *De Oratione* XXXI, 2.

gang, Osten, der Anbetung Gottes geweiht. Dieser Gedanke ist uns bereits bei Pseudo-Justin begegnet.

Dann folgt die Heilsgeschichte im engeren Sinn, d. h. zunächst die *Urgeschichte*: der Garten Eden im Osten und die Ansiedlung Adams nach seiner Vertreibung „gen Untergang", „dem Paradies gegenüber".

Im *Alten Bund* kehrt dann der Osten als bevorzugte Himmelsrichtung auf vielfältige Weise wieder. Johannes erwähnt die Anordnung des Bundeszeltes, die Lagerordnung der Stämme Israels und den Salomonischen Tempel. Von hier aus lässt sich übrigens leicht die Linie zum Symbolismus des christlichen Kirchenbaus weiterziehen.

Es ist nur folgerichtig, dass auch der *Neue Bund,* als Erfüllung und Vollendung des Alten Bundes, die symbolische Bedeutung der „Ostung" übernommen hat. Johannes Damascenus erwähnt Kreuzigung, Himmelfahrt und Wiederkunft Christi; auf seine Geburt hatte er schon weiter oben angespielt: Christus als der von den Propheten verheißene „Aufgang", die „Sonne der Gerechtigkeit". Man denke auch an den Stern „im Osten", den die Magier erblickten und, eingedenk prophetischer Verheißungen eines kommenden „Sternes aus Jakob"[64], auf die Geburt des Messias deuteten[65].

Die ungeschriebene apostolische Tradition, nach Osten gewandt Gott anzubeten, hat also verschiedene, einander er-

---
64 Num 24, 17.
65 Mt 2, 1 ff.

gänzende heilsgeschichtliche Gründe, wie Johannes Damascenus im Laufe des Kapitels sorgfältig vermerkt.

Hinzu kommt, dass alles Schöne Gott, dem Urheber alles Schönen und Guten, zu weihen ist, der Aufgang aber zweifellos zu den schönsten Dingen gehört, ist er folglich der Anbetung Gottes vorzubehalten. Ein „*kosmisches*" Argument also, das so auch ein Nichtchrist hätte formulieren können, weshalb der Osten auch schon in vorchristlicher und außerbiblischer Zeit eine bevorzugte Stelle einnahm, wie wir noch sehen werden. Erst dem biblischen Menschen jedoch, und hier dem Christen aufgrund der ihm in Christus zuteil gewordenen Fülle der Offenbarung in reicherem Maße als dem Juden, enthüllt die *Heilsgeschichte* die ganze theologische Tiefe dieser „Orientierung".

Nach Osten gewandt betet der Christ im Blick auf das „*alte Vaterland*", das er seit seiner Vertreibung aus dem Paradies sucht, Gott an. Er wendet sich dabei zugleich dem *Gekreuzigten* zu, der ihm das Tor zu dieser seiner ursprünglichen Heimat durch seinen Tod und seine Auferstehung wieder geöffnet hat und in die er ihm, wie er im Augenblick seines Todes andeutet[66], bereits vorangeschritten ist. Von dort, vom Anfang her, erwartet er daher auch seinen Herrn bei dessen *zweiter Ankunft in Herrlichkeit*, die ihm die Erfüllung des verheißenen Heils bringen wird.

*

---

66 Vgl. Lk 23, 43.

Die Wucht und Tiefe dieser theologischen Deutung der Ostung des Gebetes wird auch den modernen Menschen nicht unbeeindruckt lassen. Umso weniger, wenn er erkennt, dass sie über das Gesagte hinaus auch im Symbolismus des *Taufgeschehens* wurzelt, dem er sein Christ-Sein verdankt. Denn diese letzte, sakramentale Begründung berührt ja unmittelbar die eigene Existenz. Im Sakrament wird das, was in der Heilsgeschichte der Menschheit als ganzer zuteil geworden ist, mir selbst ganz persönlich zuteil.

Wenn du also dem Satan widersagst, jeglichen Bund mit ihm zertrittst und die alten Verträge mit dem Hades löst, dann wird dir das Paradies Gottes erschlossen, das er gen Osten hin pflanzte und von dem unser Stammvater wegen seiner Übertretung ausgeschlossen wurde. Und zum Sinnbild (symbolon) *dessen hast du dich von Westen nach Osten, dem Reich des Lichtes, gewandt*[67].

Diese Beziehung zwischen dem „Osten" und Christus ist im Geist der Väter so eng, dass Ambrosius im selben Kontext im Hinblick auf die im alten Taufritus übliche leibliche Abwendung des Täuflings von Westen und seine Hinwendung nach Osten lapidar sagen kann: „*Wer dem Teufel absagt, wendet sich Christus zu, schaut ihn direkt an.*"[68]

Wann immer ein Christ sich zum Gebet vor seinen Herrn hinstellt, erneuert er also, selbst wenn dies nicht immer di-

---
[67] Kyrillos von Jerusalem, *Mystagogische Katechesen* 1, 9. Übersetzung A. Winterswyl, Cyrill von Jerusalem, Einweihung in die Mysterien des Christentums, Freiburg 1954, S. 29.
[68] Ambrosius, *De Mysteriis* 7. Übersetzung J. Schmitz (Fontes Christiani 3), Freiburg 1990, S. 209 f.

rekt ausgesprochen oder auch nur voll bewusst ist, mit seiner Hinwendung nach Osten jenen Akt der Abkehr vom Bösen und des Bekenntnisses zu dem dreifaltigen Gott, den er ein für alle Male in der Taufe vollzogen hat[69].

*

Vergegenwärtigt man sich das bisher Gesagte, wundert es einen nicht, dass der „Orientierung" im Gebet alle anderen liebgewordenen Gewohnheiten zu weichen haben, mögen sie an sich auch noch so sinnvoll und symbolträchtig sein. So schreibt etwa Origenes:

Nun ist auch noch über die Himmelsrichtung, nach welcher man beim Beten hinsehen soll, einiges wenige zu sagen. Da es vier Himmelsrichtungen gibt, die nach Norden und Süden und die nach Untergang und Aufgang (der Sonne), wer möchte da nicht ohne weiteres zugestehen, die Richtung nach Sonnenaufgang zeige offenbar an, dass man dorthin symbolisch sich neigend, wie wenn die Seele hinschaue zu dem „Aufgang des wahren Lichtes"[70], die Gebete verrichten müsse?

Wenn aber jemand lieber an der Türöffnung seine Anliegen (vor Gott) bringen will, nach welcher Himmelsrichtung auch immer seine Haustür sich öffnet, mit der Begründung, dass der Blick zum Himmel etwas viel Einladenderes habe als das Hinschauen zu der Wand, wen nämlich die östliche Seite des Hauses zufällig keine Öffnung hat, so ist ihm zu antworten: da anordnungs-

---
69 Zum Kreuzzeichen, das in denselben Zusammenhang gehört, vgl. unten Kapitel IV, 6.
70 Vgl. Zach 6, 12; Lk 1, 78 (Aufgang); Joh 1, 9 (wahres Licht).

> *gemäß* (thesei) *die Wohnungen der Menschen sich nach dieser oder jener Himmelsrichtung öffnen, naturgemäß* (physei) *aber der Osten den Vorzug vor den übrigen Himmelsrichtungen hat, so ist das Naturgemäße über das Anordnungsgemäße zu stellen. Aber wird nicht auch einer, der im Freien beten will, nach dieser Erwägung eher gegen Osten als gegen Westen gewendet beten? Wenn nun dort nach vernünftigem Grund der Osten vorzuziehen ist, warum soll man nicht überall so verfahren?*[71]

Der antike Mensch, ob Jude oder Heide, hatte in der Tat die Gewohnheit, wie wir noch sehen werden[72], zum *offenen Himmel* gewandt zu beten. Dieser liebgewordene Brauch hat jetzt, wenn nötig, der christlichen „Orientierung" zu weichen, selbst auf die Gefahr hin, dann vor einer geschlossenen Wand zu stehen! Origenes ist hier kategorisch: die Wahl des Gebetsortes, die Gebetshaltung u. a. m. haben sich bisweilen den Umständen anzupassen, nicht aber die *Gebetsrichtung*. Die Wendung gen Aufgang schließt jede andere Himmelsrichtung aus[73]. Dorthin „*muss man unter allen Umständen blicken*"[74], auch wenn die Gründe für die kirchliche Überlieferung nicht allen bekannt sind[75]. Welche diese Gründe sind, deutet Origenes mit seinem Hinweis auf den „*Aufgang des wahren Lichtes*" hier nur eben an; es waren jedoch bereits im Wesentlichen dieselben, die die späteren Väter nennen werden.

*

---

71 Origenes, *De Oratione* XXXII.
72 Siehe unten, Kapitel IV, 3.
73 Origenes, *Num. hom.* V, 1 (ed. Baehrens).
74 Origenes, *De Oratione* XXXI, 1.
75 Origenes, *Num. hom.* V, 1 (ed. Baehrens).

Den Vätern war natürlich wohlbekannt, dass die Bevorzugung des Ostens vor den drei anderen Himmelsrichtungen und sogar die Ostung im Gebet auch außerhalb der biblischen Offenbarung bezeugt sind. Die Art und Weise, wie sie diese Übereinstimmung deuten, ist es wert, in einer Zeit weltweiter Begegnungen der Religionen neu bedacht zu werden.

Deshalb schauten auch die ältesten Tempel gegen Westen, damit diejenigen, die den Götterbildern gegenüberstanden, angeleitet würden, sich dem Osten zuzuwenden[76].

Sie wenden sich also jenem „Aufgang" des „ewigen Lichtes"[77] zu, von dem sich die Heidenvölker eigenmächtig entfernt hatten, als sie zum Bau des Turmes von Babel aufbrachen – ein Frevel, für den sie von Gott mit dem Verlust der einen Sprache bestraft wurden, die ihnen bisher gemeinsam war[78]. Allein Israel entfernte sich nicht von diesem „Aufgang" und bewahrte daher auch seine „ursprüngliche Sprache", die „Sprache des Aufgangs", weshalb es denn auch als einziges von allen Völkern zum „Anteil des Herrn"[79] wurde, wie Origenes tiefsinnig ausführt[80].

Ohne dass sie sich dessen bewusst geworden wären, führte also der göttliche Pädagoge auch die Heidenvölker inmitten ihrer Verirrung des Götzendienstes zu jenem „Aufgang" hin, ihrem wahren „Ursprung" (*archê*) nämlich, von woher sich

---
76 Klemens von Alexandrien, *Stromateis* VII, 43, 7.
77 Weish 7, 26.
78 Vgl. Gen 11, 1 ff.
79 Dt 32, 9.
80 Origenes, *Contra Celsum* V, 29 ff. (ed. Koetschau).

das „Licht ausbreitet, das zuerst aus der Finsternis hervorleuchtete"[81], *Christus* nämlich, die *„Sonne der Gerechtigkeit"*[82], die „den in Unwissenheit Befindlichen"[83] gleich der Sonne den Tag der Erkenntnis der Wahrheit aufgehen lässt[84].

*

Wer wollte nach all' dem sagen, die „Orientierung" im Gebet sei eine zeitgebundene Nebensächlichkeit, auf die man also ruhig verzichten könne? Weiß nicht der Muslim sehr wohl, warum er sich, ganz unabhängig von der Architektur des Raumes, in dem er sich gerade befindet, im Gebet stets ausschließlich nach Mekka hin verneigt? Und weiß nicht auch der Zen-Jünger sehr wohl, warum er bei seiner Meditation einer solchen „Ausrichtung" gerade nicht bedarf, ist ihm doch jeder Gedanke an ein personales „Gegenüber" fremd?

Wäre es daher nicht an der Zeit, dass die Christen im Westen, denn im Osten hat man den Brauch der *Ostung* des Gebetes nie aufgegeben, sich im Gebet wieder ganz bewusst und buchstäblichen dem „Aufgang", der Sonne der Gerechtigkeit", Christus, „in dem der Vater ist"[85], zuwenden? Sie würden dann viel leichter wieder die Erfahrung machen, dass *ihre* Beseligung allein in der Einigung mit Gott unter voller Wahrung des personalen Gegenübers besteht.

---

[81] Vgl. 2 Kor 4, 6.
[82] Mal 3, 20.
[83] Vgl. Mt 4, 16.
[84] Klemens von Alexandrien, *Stromateis* VII, 43, 6.
[85] 2 *in Ps* 18, 5.

Denn sind nicht sowohl *Vorbild* als auch *Ermöglichung* dieser unvermischten Einheit die Einheit Christi mit seinem Vater? „Jesus ist es ja, der betet: „*Gib ihnen, dass auch sie in uns eins seien, gleich wie ich und du eins sind, Vater*"[86], „*ich in ihnen und du in mir, auf dass sie vollkommen seien in Einheit*"[87]. Eben daran soll die Wendung geistigen und leiblichen „Antlitzes" gen Osten, *dem Herrn zu* erinnern! Wo ihr Sinn verstanden wird und wo sie bewusst gelebt wird, bewahrt sie den christlichen Beter vor der – heute mehr denn je drohenden – Verflüchtigung ins Wesenlose.

* *

3. „Siebenmal am Tage lobe ich dich"[88]

Der Mensch ist in diesem Leben unentrinnbar an Raum und Zeit gebunden, eine Tatsache, die jeden Aspekt seiner leiblichen und geistigen Existenz bestimmt. Nicht weniger bedeutsam als der rechte Ort ist daher auch die „passende und ausgesuchte Zeit" des Gebetes, wie Origenes feststellte.

Wir erleben Zeit als *geregelte Abfolge* von durch Sonne und Mond bestimmter Abschnitte. Manche dieser Abfolgen wiederholen sich zyklisch, aufs Ganze gesehen läuft unsere Lebenszeit indessen linear einem Ende zu. Eines der Geheimnisse des geistlichen Lebens ist daher die *Regelmäßigkeit*, die

---
[86] Evagrios, *Ep.fid.* 7, 52-54 (Zitat Joh 17, 21).
[87] Joh 17, 23.
[88] Ps 118, 164.

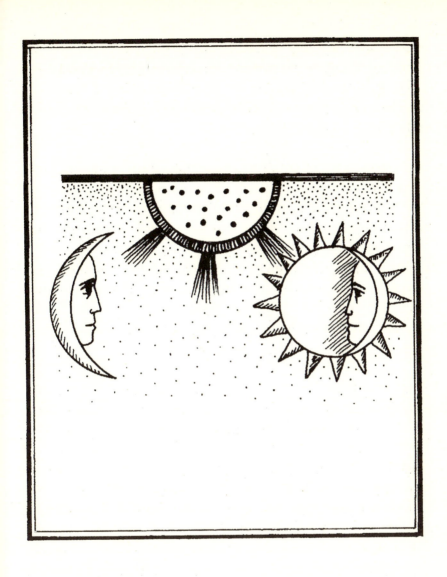

sich dem Rhythmus unseres Lebens anpasst. Es ist wie bei einem beliebigen Handwerk, einer Kunst, wo es auch nicht genügt, ab und an einmal ein paar Takte auf dem Klavier zu spielen, um ein guter Pianist zu werden. „Übung macht den Meister" – auch im Gebet.

Ein „praktizierender Christ" ist demnach im Sinne der heiligen Väter nicht ein Mensch, der mehr oder weniger treu seine Sonntagspflicht erfüllt, sondern einer, der ein Leben lang Tag für Tag und mehrmals am Tage betet, seinen Glauben also regelmäßig praktiziert, ebenso wie er auch die lebensnotwendigen Funktionen – Atmen, Essen, Schlafen, usw. – regelmäßig vollzieht. Nur durch ständige Übung wird auch sein „geistiges Tun" jene Natürlichkeit erlangen, die für die genannten Funktionen selbstverständlich erscheint.

*

Für den biblischen Menschen waren sowohl das regelmäßige persönliche Gebet als auch die Teilnahme am gemeinschaftlichen Gebet bzw. dem Tempelkult eine Selbstverständlichkeit. Daniel beugte *dreimal täglich* das Knie und betete zu Gott – nach Jerusalem gewandt, da er sich ja im babylonischen Exil befand[89]. Dies dürfte allgemeiner Brauch der frommen Juden gewesen sein. Die Psalmen sind voll von entsprechenden Anspielungen.

Die bevorzugten Gebetszeiten waren offenbar der *frühe Morgen*[90] und der *Abend*[91] bzw. die *Nacht*[92], also die ruhigsten

---

[89] Dan 6, 10. 13.
[90] Ps 5, 4; 58, 17; 87, 14: 91, 3.
[91] Ps 54, 18; 140, 2.
[92] Ps 76, 3. 7; 91, 3; 118, 55; 133, 2.

Zeiten des Tages. Wie wir sahen, sind dies auch die Zeiten, zu denen sich Christus mit Vorliebe zum einsamen Gebet zurückzog.

*

Der Brauch, *dreimal täglich* zu beten, nämlich morgens, mittags und abends[93], bzw. zur dritten, sechsten und neunten Stunde, ist bereits frühchristliche Regel[94]. Die alten Väter führen sie auf die Apostel selbst zurück, die ihrerseits aber wohl nur jüdischem Brauch treu geblieben waren, wie das Beispiel Daniels lehrt. So schreibt etwa Tertullian zwischen 200 und 206:

> *Hinsichtlich der Gebetszeiten ist uns gar nichts vorgeschrieben, als nur „zu jeder Zeit"[95] und „an jedem Ort"[96] zu beten[97].*

Nachdem Tertullian das „an jedem Ort", das er der Schicklichkeit oder Notwendigkeit entsprechend verstanden wissen will, um nicht in Widerspruch zu Mt 6,5 zu geraten, behandelt hat, fährt er indessen fort:

> *Hinsichtlich der Zeiten aber dürfte die äußerliche Beobachtung gewisser Stunden nichts Überflüssiges sein, jener gemeinschaftlichen Stunden nämlich, die die Haupt-*

---
93 Ps 54, 18.
94 *Didache* 8, 3 (ed. Rordorf/Tuilier).
95 Lk 18, 1.
96 1 Tim 2, 8.
97 Tertullian, *De Oratione* 23.

abschnitte des Tages bezeichnen, die dritte, sechste und neunte, welche man auch in der Schrift als die ausgezeichneteren genannt findet. Zum ersten Mal wurde der Heilige Geist auf die versammelten Jünger ausgegossen um die dritte Stunde[98]. *An dem Tage, als Petrus in jenem Gerät die Vision von der Gemeinsamkeit [zwischen Juden und Heiden] hatte, war er um die sechste Stunde in das obere Stockwerk hinaufgestiegen, um zu beten*[99]. *Derselbe ging mit Johannes um die neunte Stunde nach dem Tempel, wo er dem Gelähmten seine Gesundheit wiedergab*[100].

Tertullian sieht in diesem Brauch der Apostel also zwar keine bindende Vorschrift, hält es aber doch für gut, dem Gebet durch diese Tageszeiten „eine feste Form" zu geben. Der Christ sollte also, „abgesehen natürlich von den pflichtgemäßen Gebeten, welche wir auch ohne Ermahnung beim Beginn des Tages und der Nacht schuldig sind", Gott „nicht weniger als wenigstens dreimal am Tage – als Schuldner der drei Personen des Vaters, des Sohnes und des Heiligen Geistes – anbeten[101]. Damit hätten wir jene *fünf täglichen Gebetszeiten*, wie sie heute noch von den Muslimen, die sie von den Christen übernommen haben, gehalten werden.

„Nicht weniger als wenigstens" deutet schon an, dass der Sinn dieser festgesetzten Gebetszeiten nicht der sein kann, *nur* zu

---

98 Apg 2, 15.
99 Apg 10, 9.
100 Tertullian, *De Oratione* 25 (Verweis auf Apg 3, 1).
101 Ibid.

diesen Zeiten zu beten, sei es nun morgens und abends, sei es fünfmal oder auch *„siebenmal am Tage"*[102], wie später üblich.

Wenn aber einige auch bestimmte Stunden für das Gebet festsetzen, wie z. B. die dritte und die sechste und die neunte, so ist dagegen zu sagen, dass jedenfalls der Gnostiker sein ganzes Leben hindurch betet, da er bestrebt ist, durch das Gebet mit Gott vereint zu sein und, um es kurz zu sagen, alles verlassen zu haben, was ihm nichts nützt, wenn er dorthin gekommen ist, als einer, der bereits hier unten die Vollkommenheit des in der Liebe zum Mann Erwachsenen erreicht hat.

Aber auch die Stundeneinteilung mit ihren drei Abständen, die durch die gleichen Gebete ausgezeichnet ist, ist denen vertraut, die die selige Dreizahl der heiligen Wohnungen[103] *[im Himmel] kennen*[104].

*

Dieses Ideal des christlichen „Gnostikers", d. h. des mit der wahren Erkenntnis Gottes begnadeten Kontemplativen, das Klemens von Alexandrien lange vor dem Entstehen eines organisierten Mönchtums formulierte, ist später von den Jüngern des heiligen Antonius übernommen worden. Die Wüstenväter kannten nur *zwei festgesetzte Gebetszeiten*, zu Beginn und am Ende der Nacht, und die waren nicht einmal son-

---

102 Ps 118, 164.
103 Vgl. Klemens von Alexandrien, *Stromateis* VI, 114, 3.
104 Ibid. VII, 40, 3-4.

derlich lang. Für die restliche Zeit des Tages und eines guten Teils der Nacht bedienten sie sich einer bestimmten „Methode", wie wir noch sehen werden, um ihren „*Geist beständig im Gebet*" zu halten. Das palästinensische Mönchtum kannte eine größere Zahl von festgesetzten Gebetszeiten. So leitet etwa der aus Palästina stammende Bischof Epiphanios von Salamis auf Zypern aus den verstreuten Angaben des Psalters sieben Gebetszeiten ab.

[Epiphanios von Salamis] hat gesagt: Der Prophet David betete „in tiefer Nacht"[105]*,* „erhob sich um Mitternacht"[106]*, rief [zu Gott]* „vor dem Morgen"[107]*,* „am Morgen stellte er sich hin"[108] *[vor Gott],* „beim Morgengrauen" *flehte er,* „abends und mittags"[109] *bat er, und deshalb sagt er:* „Siebenmal am Tage lobte ich dich"[110]*.*

Dessen ungeachtet war jedoch auch sein Ideal das des „*immerwährenden Gebetes*", das sich im Grunde ebenfalls bereits in den Psalmen vorgezeichnet findet. Versichert der Psalmist doch, er „rufe den ganzen Tag über zu Gott"[111], oder er betrachte „das Gesetz Tag und Nacht"[112], also eigentlich *ohne Unterlass*.

---

105 Ps 118, 147.
106 Ps 118, 62.
107 Ps 118, 148.
108 Ps 5, 4.
109 Ps 54, 18.
110 Apophthegma *Epiphanios* 7. Letztes Zitat Ps 118, 164.
111 Ps 31, 3.
112 Ps 1, 2.

Es wurde dem seligen Epiphanios, dem Bischof von [Salamis auf] Zypern, von dem Abt des Klosters, das er in Palästina besaß, mitgeteilt: „Dank deiner Gebete haben wir unsere Regel nicht vernachlässigt, sondern halten mit Eifer sowohl die erste als auch die dritte, sechste und neunte Stunde, sowie die Vesper". Der aber tadelte sie und ließ sie wissen: „Es ist offenkundig, dass ihr die anderen Stunden des Tages vernachlässigt, wenn ihr vom Gebet ablasst. Der wahre Mönch nämlich soll ‚unablässig'[113] das Gebet und die Psalmodie in seinem Herzen haben!"[114]

Die Beobachtung einer bestimmten, festgesetzten Zahl von über den Tag (und die Nacht) verteilten Gebetszeiten, die eine gewisse Selbstdisziplin verlangt, hat also im Grunde nur den Zweck, *Brücken* zu schaffen, dank derer unser unsteter Geist den Fluss der Zeit zu überschreiten vermag. Er erlangt durch diese Übung jene Behändigkeit und Leichtigkeit der Bewegung, ohne die kein Künstler oder Handwerker auskommt. Gewiss ist dies zum Teil einfach „Routine", aber sie ist notwendig, um das zu vollbringen, um was es eigentlich geht: die *Kunst* – der Tischlerei, des Geigenspiels, des Fußballspiels ...

Dasselbe gilt auch vom Gebet. Ist das Gebet doch *„der höchste intellektive Akt des Intellektes"*[115], *„die seiner Würde gemäße Tätigkeit, anders gesagt, sein bester und genuiner Gebrauch"*, wie Evagrios, der Meister des „wahren Gebetes", versichert[116]. Je

---

113 1 Thes 5, 17.
114 Apophthegma *Epiphanios* 3.
115 Evagrios, *Or* 35.
116 Evagrios, *Or* 84.

größer die Geübtheit, desto größer ist auch hier der Eindruck vollkommener Natürlichkeit der Bewegung, und umso größer auch die *Freude*, die wir selbst bei diesem geistigen Tun empfinden.

*

Wie bei jeder Kunst, gibt es indessen auch bei der täglichen Einübung ins Gebet von Zeit zu Zeit bestimmte innere *Widerstände* zu überwinden. Der schlimmste Widersacher ist ein gewisser, oft sehr schwer definierbarer *Überdruss*, der sich bisweilen auch dann einstellt, wenn es uns nicht an der nötigen Musse fehlt.

Dieser Zustand des Widerwillens, der auch den Vätern bestens bekannt war, kann bisweilen so stark werden, dass man scheinbar nicht mehr in der Lage ist, das tägliche Offizium zu rezitieren. Gibt man hier nach, kommt man schließlich soweit, dass man überhaupt am Sinn seiner Existenz zweifelt. Zu Unrecht, denn:

> *Kämpfe wie diese kommen gleichsam wie durch ein Verlassenwerden von Seiten Gottes vor, um den freien Willen auf die Probe zu stellen, wohin er sich wohl neigt*[117].

Was soll man also tun? Man muss sich zwingen, also die *Willenskraft* aktivieren, in jedem Fall die vorgeschriebene Zahl der *Gebetszeiten* einzuhalten, auch wenn man das *Offizium*

---

117 Jausep Hazzaya, *Briefe* S. 140.

selbst auf ein Minimum, vielleicht nur einen Psalm, drei Ehre sei dem Vater, ein Dreimalheilig und einen Kniefall, reduzieren muss – falls man dazu noch in der Lage ist. Wird die seelische Bedrückung nämlich übergroß, muss man zu einem letzten Mittel greifen.

Wenn dieser Kampf an Stärke wider dich zunimmt, Bruder, und dir deinen Mund verschließt und dir nicht gestattet, das Offizium zu rezitieren, nicht einmal so, wie ich oben gesagt habe, dann zwinge dich selbst und stell dich auf deine Füße und geh in deiner Zelle auf und ab, indem du das Kreuz grüßt und vor ihm die Metanie machst, und unser Herr wird in seiner Gnade [diesen Kampf] an dir vorübergehen lassen[118].

Wenn *Worte* jeden Sinn verloren zu haben scheinen, bleibt nur die leibliche *Geste*, ein Thema, auf das wir später noch ausführlich zurückkommen werden.

* *

---

118 Ibid. S. 144.

4. „Selig, wer wacht!"[119]

Der moderne Mensch ist gewohnt, die Nacht vor allem als Zeit wohlverdienter Ruhe zu betrachten. Bleibt er dennoch freiwillig wach, dann, weil seine Arbeit ihn dazu nötigt, oder um Feste zu feiern und dergleichen. Der biblische Mensch und die heiligen Väter schliefen gewiss wie jeder Mensch, doch die Nacht galt ihnen auch als bevorzugte Zeit des Gebetes.

*

Wie oft ist bereits in den Psalmen die Rede davon, dass der Beter das Gesetz Gottes nicht nur bei Tag, sondern auch bei Nacht „meditiert"[120], dass er des Nachts seine Hände im Gebet zu Gott ausstreckt[121], dass er „um Mitternacht aufsteht, um Gott für seine gerechten Gerichte zu preisen"[122].

Wie wir schon sahen, hatte auch Christus die Angewohnheit, *„die Nacht im Gebet zu Gott"* zu verbringen[123], oder *„früh, als es noch völlig Nacht war"*, in die Wüste hinauszugehen, um zu beten[124].

---

119 Offb. 16, 15.
120 Ps 1, 2.
121 Ps 76, 3; 133, 2.
122 Ps 118, 62.
123 Lk 6, 12.
124 Mk 1, 35.

Eindringlich mahnt der Herr daher auch seine Jünger, „zu wachen und zu beten"[125] und gibt dafür auch einen neuen Grund an: *„Ihr kennt nicht die Zeit"* der Wiederkunft des Menschensohnes[126] und könntet daher, vom Schlaf geschwächt, „in Versuchung fallen"![127]

Eindringlich mahnt auch der Apostel, der nach eigenem Zeugnis viele Nächte durchwachte[128], „im Gebet auszuharren und dabei mit Danksagung zu wachen"[129]. Nicht zuletzt durch dieses Wachen im Gebet unterscheidet sich der Christ von den schläfrigen Kindern dieser Welt.

> *Ihr aber, Brüder, ihr seid nicht in der Finsternis,*
> *dass euch der Tag [der Wiederkunft des Herrn]*
> *wie ein Dieb überraschen sollte.*
> *Denn ihr alle seid Söhne des Lichtes und Söhne*
> *des Tages.*
> *Wir gehören nicht der Nacht noch der Finsternis an!*
> *Also lasset uns nicht schlafen wie die übrigen,*
> *sondern wachen und nüchtern sein.*
> *Denn die Schlafenden schlafen des Nachts,*
> *und die Trunkenen sind des Nachts trunken.*
> *Wir aber, die wir dem Tag angehören,*
> *wollen nüchtern sein …*[130]

*

---

125 Mk 14, 38. Vgl. Lk 21, 36.
126 Mk 13, 33 par.
127 Vgl. Mt 26, 41 par.
128 2 Kor 6, 5; 11, 27.
129 Kol 4, 2. Vgl. Eph 6, 18.
130 1 Thes 5, 4 ff.

Die frühe Kirche hat sich das Vorbild Christi und der Apostel sogleich zu Herzen genommen und ihre Mahnungen in die Tat umgesetzt. Das Wachen gehört zu den ältesten Bräuchen der Kirche. Namentlich die Urkirche ist eine wachende Kirche.

> *Wachet über euer Leben. Eure Lampen sollen nicht ausgehen[131] und eure Lenden nicht schlaff werden[132], sondern seid bereit. Denn ihr kennt nicht die Stunde, in der unser Herr kommt[133].*

Der wahre Christ gleicht dem Soldaten, der Wache steht. Das Gebet ist seine „Mauer des Glaubens" und seine „Schutz- und Angriffswaffe gegen den uns von allen Seiten umlauernden Feind". Er geht daher „niemals ohne Waffen einher".

> *Am Tag wollen wir des Postenstehens nicht vergessen, bei Nacht nicht des Wachens! Mit der Waffe des Gebetes angetan, wollen wir das Feldzeichen unseres Heerführers bewahren und betend die Posaune des Engels erwarten[134].*

Dieser „eschatologische Zug" des *Harrens auf die Wiederkunft des Herrn* ist von den ersten Christen, die noch mitten in oft blutigen Verfolgungen ihren Glauben unter Beweis stellen mussten, auf jene „Soldaten Christi" übergegangen, als die sich die frühen Mönche betrachteten.

---

131 Vgl. Mt 25, 8.
132 Lk 12, 35.
133 *Didache* 16, 1. Letter Verweis Mt 24, 42. 44.
134 Tertullian, *De Oratione* 29.

Man kann sie nämlich, verstreut in den Wüsteneien [lebend] sehen, [wo sie] wie echte Söhne ihren Vater, Christus, erwarten, oder wie ein Heer seinen König, oder wie ein ehrbares Hausgesinde, das seinen Herrn und Befreier erwartet. Es gibt unter ihnen keinen Gedanken an Kleidung noch Sorge um Speise, sondern allein im [Gesang der] Hymnen[135] das Harren auf die Ankunft Christi[136].

*

Im Hinblick auf die erwartete Wiederkunft ihres Herrn richteten sie auch ihren ganzen Tageslauf ein.

Was den nächtlichen Schlaf betrifft, so bete zwei Stunden von Abend an, indem du sie vom Sonnenuntergang an zählst[137]. Und nachdem du [Gott] gepriesen hast, schlafe sechs Stunden[138]. Dann steh auf zur Nachtwache und verbringe [im Gebet] die restlichen vier Stunden [bis zum Sonnenaufgang][139]. Im Sommer halte es ebenso; jedoch mit Abkürzung im Sommer und weniger Psalmen, wegen der Kürze der Nächte[140].

Als Zeitmesser diente den Mönchen dabei anstelle der ja noch nicht vorhandenen Präzisionsuhr die Zahl der Psalmverse, die man erfahrungsgemäß in einer Stunde rezitieren

---

135 Vgl. Eph 5, 19.
136 *Historia Monachorum in Aegypto* Prol 7 (ed. Festugière).
137 D. h. ungefähr von 18 bis 20 Uhr.
138 Also von 20 bis 2 Uhr.
139 Von 2 bis 6 Uhr.
140 Barsanuphios und Johannes, *Briefe* Nr. 146.

kann[141]. Sechs Stunden Schlaf, die Hälfte der Nacht[142], sind ein ganz vernünftiges Maß. Eine gewisse *Willensanstrengung* erfordert nur das Aufstehen in der Nacht. Kein Wunder also, dass mit der Zeit der ursprüngliche Eifer zu erlahmen drohte, auch unter Klerikern. Eindringlich mahnt daher der große Asket Nil von Ankyra den Diakon Jordanes:

> *Wenn Christus der Allherrscher, da er uns lehren wollte, zu wachen und zu beten, [selbst] leibhaftig* „die Nacht im Gebet verbrachte"[143], *und auch* „Paulus und Silas um Mitternacht Gott verherrlichten"[144], *und der Prophet sagt:* „Um Mitternacht stand ich auf, dich um deiner gerechten Gerichte zu loben"[145], *da wundere ich mich, wie du, der du die ganze Nacht schläfst und schnarchst, nicht von deinem Gewissen gerichtet wirst! Fasse daher jetzt auch du den Entschluss, den todbringenden Schlaf abzuschütteln und dich unverdrossen dem Gebet und der Psalmodie zu widmen*[146].

*

Das Wachen im Gebet, das, wie man sieht, auch den Vätern nicht immer leicht gefallen ist und stets einer gewissen Willensanstrengung bedarf, ist demnach zu keiner Zeit bloße asketische Kraftprobe gewesen mit dem Ziel, „die Natur zu

---
141 Id. *Briefe* Nr. 147.
142 Id. *Briefe* Nr. 158. In der Sketischen Wüste war es üblich, ein Drittel der Nacht zu schlafen, d. h. ca vier Stunden, vgl. Palladios, *Vita* D (mit unseren Anmerkungen).
143 Lk 6, 12.
144 Apg 16, 25.
145 Ps 118, 25.
146 Nil von Ankyra, *Briefe* III, 127 (PG 79, 444 A).

besiegen". Die so misshandelte „Natur" würde sich nämlich doch über kurz oder lang ihr Recht verschaffen.

Für die Hochschätzung des Wachens im Gebet hatten der biblische Mensch und die Väter verschiedene Gründe. Von dem eschatologischen „Harren auf den Herrn", das eigentlich jeden Christen kennzeichnen sollte, war schon die Rede. Es verleiht der *Zeit* eine völlig neue Qualität, indem es ihrem endlosen Strömen ein festes *Ziel* setzt und so dem ganzen, auf dieses Ziel hinstrebenden Leben seinen Stempel aufdrückt. Es ist etwas anderes, ob man „in den Tag hinein lebt", oder ob man im Wissen um die Ungewissheit des „Tages des Herrn" als „Weiser die Zeit auskauft"[147].

Das Wachen bewirkt nämlich im Beter jene *„Nüchternheit"*, die den Christen vor der Schlaftrunkenheit und dem Rausch der Kinder der Finsternis bewahrt. Die Nüchternheit des Geistes aber, die letzteren im Unterschied zu dem ihn „vergröbernden" Schlaf „verfeinert", macht den Wachenden empfänglich für die Schau der göttlichen Geheimnisse.

Von dem, der wie Jakob seine Herde bewacht[148], entfernt sich der Schlaf, und wenn er ihn doch ein wenig ergreift, so ist dieser Schlaf für ihn wie das Wachen für einen anderen. Das Feuer des Brennens seines Herzens lässt es nämlich nicht zu, dass er in Schlaf versenkt wird. Er psalliert nämlich mit David und singt: „Erleuchte meine Augen, auf dass ich nicht im Tode entschlafe"[149].

---
147 Eph 5, 15 f.
148 Vgl. Gen 31, 40.
149 Ps 12, 4.

Wer zu diesem Maß gelangt ist und seine Süße gekostet hat, versteht das Gesagte. Denn ein solcher ist nicht vom materiellen Schlaf trunken geworden, sondern er bedient sich nur des natürlichen Schlafes[150].

Was mit jenem „Maß" und seiner „Süße" gemeint ist, lässt ein wunderbares Wort des Mönchsvaters Antonios erahnen, das uns Johannes Cassianus, der es seinerseits von Abba Isaak gehört hat, überliefert hat.

Damit ihr aber den Zustand des wahren Gebetes erfasst, will ich euch nicht meine, sondern die Lehre des seligen Antonios vortragen. Von ihm wissen wir, dass er zuweilen so sehr im Gebet verharrte, dass wir ihn häufig, wenn er in Verzückung betete und das Licht der aufgehenden Sonne sich zu ergießen begann, in der Glut des Geistes haben rufen hören:
„Was hinderst du mich, Sonne, die du nur deshalb bereits aufgehst, um mich von jener Klarheit des wahren Lichtes wegzuziehen?"[151]

Evagrios, über Makarios den Ägypter selbst ein Schüler des Antonios, versichert in der Tat, dass unser Geist die intelligible, geistige Welt bei Tage nur schwer zu schauen vermag, weil unsere Sinne durch die im Sonnenschein deutlich sichtbaren Dinge abgezogen werden und so den Geist zerstreuen. Des Nachts aber vermag er sie zur Zeit des Gebetes zu schauen, wenn sie sich ihm, der dann ganz von Licht umschienen

---
150 Barsanuphios und Johannes, *Briefe* Nr. 321.
151 Cassian, *Conl* IX, 31.

ist, zeigt ...[152] Evagrios selbst wurde eine solche Offenbarung der geistigen Welt zuteil, als er des Nachts wachend über den Text eines der Propheten meditierte[153].

*

Heute sind die Angehörigen einiger strenger, so genannter kontemplativer Orden praktisch die einzigen, die noch „im Gebet wachen", d. h. mitten in der Nacht aufstehen und ihr Chorgebet verrichten. Der moderne, von der Minuten und Sekunden anzeigenden Uhr beherrschte Lebensrhythmus mit all' seiner Hektik ist dieser Praxis in der Tat nicht günstig. Das Leben des Menschen der Antike verlief hingegen geruhsamer. Der Tag zwischen Sonnenaufgang (etwa 6 Uhr) und Sonnenuntergang (etwa 18 Uhr) war in Abschnitte von je drei Stunden unterteilt; daher die alten Gebetszeiten zur dritten, sechsten und neunten Stunde, d. h. 9, 12 und 15 Uhr.

„In diesen letzten Zeiten" werden sich selbst die meisten Ordensleute mit weniger begnügen müssen. Das Vorbild Christi und die Regel, die der oben zitierte Brief des Reklusen Johannes von Gaza darlegt, lassen jedoch erkennen, worum es letztlich geht und wie man auch heute noch „im Gebet wachen" kann. Denn auch Christus wird wohl kaum *jede* Nacht im Gebet verbracht haben. Er hatte jedoch offenbar die Angewohnheit, sich *spätabends*, nach Sonnenuntergang, bzw. „*frühmorgens, wenn es noch völlig Nacht ist*", allein zum

---

152 Evagrios, *KG* V, 42.
153 Palladios, *Vita* J.

Gebet zurückzuziehen, wie dies schon der fromme Beter der Psalmen tat.

Es sind dies eben jene Zeiten, die auch die Väter dem Gebet allgemein vorbehielten. Das Maß wird jeder durch eigene Erfahrung und mit dem Rat seines geistlichen Vaters ermitteln müssen, der Alter, Gesundheit und geistliche Reife in Rechnung stellen wird. Eines ist jedenfalls sicher: Ohne die Mühe des Wachens erlangt niemand jene geistige „Nüchternheit", die der Mönch Hesychios vom Berg Sinai so überschwänglich preist.

Welch gute und liebliche, leuchtende, überaus angenehme, wunderschöne, glanzvolle und anmutige Tugend ist doch die Nüchternheit, welche von dir, Christus unserem Gott, guten Fortschritt erhält und vom wachen menschlichen Intellekt in großer Demut beschritten wird. Denn sie dehnt „ihre Ranken bis zum Meer und bis zu den Abgründen" der Kontemplationen aus, und „bis zu den Strömen" der lieblichen und göttlichen Geheimnisse „ihre Triebe"...[154]

Die Nüchternheit gleicht der Leiter Jakobs, an deren Spitze Gott steht und auf der die Engel niedersteigen. Denn sie nimmt von uns jedes Übel hinweg. Sie ist es ja, die Geschwätzigkeit abschneidet, Schmähsucht, üble Nachrede und die ganze Liste der sinnlichen Übel...[155]

* *

---

154 Vgl. Ps 79, 12.
155 *Hesychios an Theodulos*, c. 50-51. Vgl. PHILOKALIE Bd. I, 244.

5. „Sie beteten unter Fasten"[156]

Ebenso eng mit dem Gebet verbunden wie das Wachen ist seit biblischen Zeiten eine andere leibliche Übung: das Fasten, das daher nicht unerwähnt bleiben soll, zumal es von alters her auch an bestimmte Zeiten gebunden ist. Den meisten Menschen im Westen ist es heute allerdings, wenn überhaupt, nur noch in säkularisierter Form als „Heilfasten" bekannt. Die „Große Fastenzeit" vor Ostern etwa ändert im täglichen Leben selbst so genannter praktizierender Christen leider im Grunde nichts. Das war, wie gesagt, nicht immer so und ist auch im christlichen Osten heute noch anders.

*

Gebet und Fasten gehören seit alters her so eng zusammen, dass sie bereits in der Heiligen Schrift oft auch zusammen genannt werden, denn *„gut ist Gebet zusammen mit Fasten"*[157]. Die greise Prophetin Anna „diente Gott Tag und Nacht mit Fasten und Gebet"[158], ebenso Paulus[159] und die Urgemeinde[160]. Dieser Brauch ist so fest in der frühchristlichen Tradition verankert, dass manche Kopisten das Wort „Fasten" dem „Gebet" spontan auch da beifügen, wo es ursprünglich (wahrscheinlich) nicht stand[161].

---

156 Apg 14, 23.
157 Tob 12, 8.
158 Lk 2, 37.
159 2 Kor 6, 5; vgl. 11, 27.
160 Apg 13, 3.
161 Vgl. etwa Mt 17, 21; Mk 9, 29 und 1 Kor 7, 5.

Auf den ersten Blick könnte es den Anschein haben, als ob sich die frühchristliche Praxis des Fastens nicht auf Wort und Vorbild Christi berufen kann, ja geradezu im Widerspruch dazu stehe. Gewiss hat Christus am Anfang seines öffentlichen Wirkens einmal vierzig Tage und vierzig Nächte in der Wüste gefastet[162], ansonsten galt er manchen aber eher als „Fresser und Säufer"[163], weil er sich nicht scheute, mit „Zöllnern und Sündern" zu speisen, ja oft sogar selbst die Initiative dazu ergriff. Er musste sich daher auch die Frage stellen lassen, wieso die Jünger des Johannes und die Jünger der Pharisäer „häufig fasteten und beteten", seine Jünger aber nicht[164].

Haben also Paulus und die Urgemeinde Christus missverstanden, wenn sie es schließlich den Jüngern des Johannes und denen der Pharisäer gleichtaten? Keineswegs, denn Christus lehnte das Fasten ebenso wenig ab wie das Beten. In beiden Fällen ging es ihm jedoch darum, seine Jünger vor jeder Art von *Heuchelei* und eitler Zurschaustellung der eigenen „Frömmigkeit" zu bewahren.

Wenn ihr aber fastet, sollt ihr nicht finster drein schauen wie die Heuchler; denn sie verstellen ihr Angesicht, um sich mit ihrem Fasten vor den Leuten sehen zu lassen. Wahrlich, ich sage euch: Sie haben ihren Lohn dahin! Du aber salbe, wenn du fastest, dein Haupt und wasche dein Angesicht, damit du mit deinem Fasten dich nicht den Leuten zeigest, sondern deinem Vater, der im

---

162 Mt 4, 2 par.
163 Mt 11, 19.
164 Lk 5, 33.

Verborgenen ist; und dein Vater, der ins Verborgene sieht, wird es dir vergelten[165].

Es ist mit dem Fasten also wie mit dem Beten: Natürlich fasten auch die Jünger Christi, aber sie tun es allein *um Gottes willen*, und nicht um gesehen und gelobt zu werden. Gleiches gilt vom Almosengeben und letztlich von allen Tugendübungen. Die Väter, die bekanntlich große Faster waren, haben sich das sehr zu Herzen genommen. Wenn je, dann gilt vom Fasten, dass man „*den Wohlgeruch der eigenen [asketischen] Mühen mit dem Schweigen versiegeln*" soll.

Gleichwie du vor den Menschen deine Sünden verbirgst, verbirg vor ihnen auch deine Mühen![166]

So große Faster die heiligen Väter auch waren, es lag ihnen völlig fern, den Wert der leiblichen „Werke" und damit auch des Fastens zu überschätzen.

Man fragte einen Altvater: „Wie finde ich Gott?" Und er sprach: „Durch Fasten, durch Wachen, durch Mühen, durch Barmherzigkeit und vor allen diesen [Übungen] durch Unterscheidung. Denn ich sage dir, viele haben ihr Fleisch ohne Unterscheidung geplagt und sind leer ausgegangen, ohne etwas zu besitzen. Unser Mund riecht übel vom Fasten, wir kennen die Schriften auswendig, den ganzen David (d. h. den Psalter) haben wir rezitiert

---

165 Mt 6, 16 – 18.
166 Evagrios, *Eul* 14.

> *– und das, was Gott sucht, haben wir nicht: die Liebe und die Demut*[167]*.*

*

Christus hatte jedoch auch einen höchst aktuellen Grund, warum er sich über die damals unter den „Frommen Israels" allgemein üblichen Fastengebräuche hinwegsetzte und auch seine Jünger davon befreite: die *Gegenwart des „Bräutigams"*[168]. In dieser privilegierten kurzen Zeit seiner Gegenwart geht es um anderes: „Das Reich Gottes ist nahe, kehrt um und glaubt an das Evangelium!"[169]

Christus bediente sich des gemeinsamen Essens ganz gezielt als eines Mittels, um allen die frohe *Botschaft der Versöhnung* und den Aufruf zur Umkehr nahe zu bringen: den Häuptern der Pharisäer[170], einflussreichen Zollbeamten[171] ebenso wie „Sündern" aller Art[172]. Gemeinsames Essen als Zeichen der Versöhnung: auch diese Lehre haben die Wüstenväter sehr wohl beherzigt.

> *Wenn dein Bruder dich erbittert,*
> *führe ihn in dein Haus,*
> *und scheue dich nicht,*
> *bei ihm einzutreten,*

---

167 Apophthegma *Nau* 222.
168 Mt 9, 15.
169 Mk 1, 15.
170 Lk 7, 36 ff.
171 Lk 19, 1 ff.
172 Mt 9, 19 f. u.ö.

sondern iss deinen Bissen mit ihm.
Indem du dies tust,
wirst du nämlich deine Seele retten
und es wird dir zur Zeit des Gebetes
kein Anstoß widerfahren[173].

Denn allgemein gilt, dass „den Groll Geschenke auslöschen", wie schon der weise Salomon sagte[174]. Die Wüstenväter besaßen indessen kaum Dinge, die sich als „Geschenke" geeignet hätten. Daher *„wollen wir, die wir arm sind, unsere Bedürftigkeit durch den Tisch wettmachen"*, rät Evagrios[175]. Das *„Fasten ist also zwar eine nützliche Sache, aber es ist unserer freien Willensentscheidung anheim gestellt."*[176]

Anders steht es mit dem göttlichen Gebot der *Liebe*: es hebt alle noch so nützlichen menschlichen Übungen auf. Das Gebot der Gastfreundschaft hob denn auch die Fastenregeln auf, selbst wenn man dann sechsmal am Tag den Tisch bereiten musste ...[177]

Einst kamen zwei Brüder zu einem gewissen Altvater. Der Altvater hatte aber die Gewohnheit, nicht jeden Tag zu essen. Als er nun die Brüder sah, freute er sich und sprach: „Das Fasten hat seinen Lohn. Andererseits, wer aus Liebe isst, erfüllt zwei Gebote, denn er lässt von sei-

---

173 Evagrios, *Mn* 15.
174 Spr 21, 14.
175 Evagrios, *Pr* 26.
176 Apophthegma *Cassian* 1.
177 Apophthegma *Cassian* 3.

nem eigenen Willen ab und erfüllt das Gebot [der Liebe]." Und er erquickte die Brüder[178].

*

Stets eingedenk dieses Liebesgebotes, standen die Jünger Christi denn auch, nachdem „der Bräutigam von ihnen hinweg genommen wurde", den Jüngern der Pharisäer und denen Johannes des Täufers hinsichtlich des Fastens in nichts nach[179], auch wenn sie seit alters zur Unterscheidung von den Juden nicht wie diese am Montag und am Donnerstag, sondern am Mittwoch und am Freitag fasteten[180]. Da das Fasten indessen zu den *Bußriten* gehört, versteht sich von selbst, dass seit alters jene Tage davon ausgenommen sind, an denen die Christen der Wiederkunft des „Bräutigams" Christus gedenken.

Von Samstagabend, dem Vorabend des Herrentages, bis zum folgenden Abend beugt man bei den Ägyptern die Knie nicht, ebenso wie während der ganzen Zeit der Pentekoste[181]*, und man beachtet in dieser Zeit auch nicht die Regel des Fastens*[182].

*

Ist also das Fasten wie alle leiblichen „Strengheiten" dieser Art nur von relativem Wert, welchen Sinn hat es dann? Einen ersten Grund nennt schon der Psalmist: es *„demütigt die*

---
178 *Apophthegma Nau* 288.
179 Mt 9, 15.
180 *Didache* 8, 1 (ed. Rordorf/Tuilier).
181 D. h. zwischen Ostern und Pfingsten.
182 Cassian, *Inst* II, 18.

Seele"[183], im Gegensatz nämlich zum Schmausen, das die Seele bis zum Abfall von Gott erhebt[184]. Denn das leibliche Fasten erinnert den Menschen in spürbarer Weise daran, *„dass er nicht vom Brot allein lebt, sondern von jedem Wort, das aus dem Munde Gottes hervorgeht"*, und dem er eben auch das lebensnotwendige Brot verdankt. Um eben dieser Erfahrung willen hatte Gott ja das Volk Israel in der Wüste „gedemütigt und hungern lassen"[185].

Der geistliche Sinn des Fastens ist also zunächst, die Seele demütig zu machen. *„Nichts demütigt nämlich so die Seele wie das Fasten"*[186], da es sie in elementarer Weise ihre vollkommene *Abhängigkeit von Gott* erfahren lässt.

Was sich dieser Herzensdemut in den Weg stellt, sind unsere vielfältigen „Leidenschaften", jene „Krankheiten der Seele", die ihr nicht gestatten, sich „natürlich" d. h. schöpfungsgemäß zu verhalten. Das Fasten nun ist ein vorzügliches Mittel, um diese Leidenschaften „zuzudecken", wie Evagrios in allegorischer Auslegung eines Psalmverses sagt.

Das Fasten ist eine Decke der Seele, die deren Leidenschaften verbirgt, d. h. schändliche Begierde und irrationalen Zorn. Wer also nicht fastet, entblößt sich unschicklich[187].

---

183 Ps 34, 13.
184 Vgl. Dt 8, 12 ff; 32, 13 u.ö.
185 Dt 8, 3.
186 Evagrios, 10 *in Ps* 34, 13.
187 Id. 7 *in Ps* 68, 11.

Wie dies z. B. der trunkene Noah tat[188], auf den Evagrios hier anspielt. Der Sinn des leiblichen Fastens ist somit, die Seele von ihren schändlichen Lastern zu reinigen und ihr einen demütigen Sinn einzuflößen. Ohne diese „Reinheit des Herzens" wäre schon der Gedanke an das „wahre Gebet" ein Frevel.

Wer [noch] in Sünden und Zornesausbrüche verstrickt ist und es wagt, sich frech nach der Erkenntnis göttlicher Dinge auszustrecken oder gar [den Ort] des immateriellen Gebetes zu betreten, der sei des apostolischen Tadels gewärtig, demzufolge es für ihn nicht ungefährlich ist, mit bloßem „und unbedecktem Haupt zu beten". *Eine solche Seele nämlich, sagt er,* „soll auf dem Kopf eine ‚Macht' haben der umstehenden Engel wegen"[189], *indem sie sich mit der gebührenden Scham und Demut umhüllt*[190].

*

Im Hinblick auf das Gebet hat das Fasten darüber hinaus auch eine ganz praktische Bedeutung:

*Ein darbender Magen
    versetzt in den Stand,
im Gebet zu wachen,*

---
188 Gen 9, 21.
189 1 Kor 11, 5. 11.
190 Evagrios, *Or* 145.

> *ein voller hingegen*
> *führt reichlichen Schlaf herbei*[191].

Und dieser praktische Nutzen wiederum hat ein geistliches Ziel, um das es letztlich ja allein geht.

> *Ein schmutziger Spiegel*
> *gibt die daraufallende Gestalt nicht deutlich*
> *wieder,*
> *und ein von Sattheit abgestumpftes Denken*
> *nimmt die Erkenntnis Gottes nicht auf*[192].
> *Das Gebet des Fastenden*
> *ist ein hochfliegendes Adlerjunges,*
> *doch das des durch Sattheit beschwerten Völlers*
> *wird herabgezogen*[193].
>
> *Der Intellekt des Fastenden*
> *ist ein glänzender Stern an heiterem Himmel,*
> *das des Völlers aber*
> *bleibt in mondloser Nacht verhüllt*[194].

Mit anderen Worten, ganz wie das Wachen, macht auch das Fasten den Geist des Beters für die Schau der göttlichen Geheimnisse bereit. Ist also für den, der „wahrhaft beten" will, das Fasten ebenso wie das Wachen unerlässlich, so hat es doch wie alles im geistlichen Leben „*zu den gebührenden Zeiten und mit Maßen zu geschehen*", und da hat eben ein

---

191 Evagrios, *O. sp.* 1, 12.
192 Ibid. 1, 17.
193 Ibid. 1, 14.
194 Ibid. 1, 15.

jeder sein eigenes, seinen Kräften, seinem Alter, seinen Lebensumständen usw. entsprechendes Maß.

Denn das Maßlose und Unzeitgemäße ist von kurzer Dauer. Was von kurzer Zeit ist, ist jedoch eher schädlich als nützlich[195].

* * *

---
195 Evagrios, *Pr* 15.

Kapitel III
Weisen des Gebetes

Kapitel III
Weisen des Gebetes

Origenes nannte unter jenen Dingen, die nach seiner Meinung nötig sind, um das Gebet erschöpfend darzustellen, an erster Stelle die seelische *„Verfassung"* (*katastasis*) des Beters. Als Beispiel für diese unbedingt notwendige innere Einstellung nennt er die Worte Pauli, der Christ solle beten, *„frei von Zorn und Bedenken"*[1]. Diese Freiheit von „Zorn und Bedenken" (*dialogismôn*) oder „Gedanken"[2] ist eine Frucht der „praktischen Weise" des Gebetes[3] als eines Weges der *Reinigung von den Leidenschaften*, allen voran dem Zorn, als dem schlimmsten Widersacher des „reinen Gebetes", und ihren „Gedanken" und schließlich von allen „gedanklichen Vorstellungen".

Wie Origenes im selben Zusammenhang ausführt, spiegelt sich diese seelische „Verfassung" stets auch in der *Haltung des Körpers* wider; wir werden im nächsten Kapitel ausführlich darauf zu sprechen kommen. Sie spiegelt sich aber auch in der *Weise* wider, wie wir beten. Um diese Weisen und die sich in ihnen ausdrückende Geisteshaltung soll es in diesem Kapitel gehen.

*

---

[1] 1 Tim 2, 8.
[2] Die Väter verstanden unter diesen „Bedenken" die (bösen) „Gedanken", vgl. Evagrios, *M.c.* 32.
[3] Zu dieser Unterscheidung zwischen „praktischer" und „kontemplativer Weise" des Gebetes vgl. Evagrios, *Or* Prol.

1. „Gebete und flehentliche Bitten mit Tränen"[4]

Niemand wundert sich, wenn ein Mensch Tränen vergießt, weil ihn ein großes Leid getroffen hat. Auch Freudentränen werden wohl den meisten vertraut sein. Aber Tränen im Gebet? Für die heiligen Väter gehörten in der Tat Tränen und Gebet untrennbar zusammen und galten hier keineswegs als Zeichen unpassender Rührseligkeit. Dies galt auch für den biblischen Menschen.

Erhöre mein Gebet, Herr,
und achte auf mein Flehen,
schweige nicht zu meinen Tränen[5].

Tränen begleiten also vor allem die „flehentliche Bitte" (*deêsis*). Unter Tränen bittet ein verzweifelter Vater um die Heilung seines Sohnes[6], und unter Tränen bittet die Sünderin Christus wortlos um Vergebung[7]. Und selbst Christus „hat in den Tagen seines Fleisches Gebete und flehentliche Bitten mit starkem Geschrei und Tränen vor den gebracht, der ihn vom Tode erretten konnte".[8]

*

---

4 Heb 5, 7.
5 Ps 38, 13.
6 Mk 9, 24.
7 Lk 7, 38.
8 Heb 5, 7.

Tränen gehören untrennbar zur „praktischen Weise" des Gebetes, denn sie sind Teil der *Mühen* der „Praktike", d. h. der ersten Stufe des geistlichen Lebens.

„Die unter Tränen säen,
werden unter Jauchzen ernten":
Jene, die unter Mühen und Tränen die Praktike vollbringen, „säen unter Tränen". Jene hingegen, die mühelos die Erkenntnis empfangen, „ernten unter Jauchzen"...[9]

Warum dieses, den modernen Menschen befremdende Beharren auf der Notwendigkeit der Tränen? Ist der Christ nicht viel mehr zur Freude bestimmt? Gewiss, denn Gebet ist letztlich eine „Frucht der Freude und der Danksagung"[10], doch bis dahin ist ein langer Weg. Die Väter schätzten die Lage des „alten Menschen" weit realistischer ein als wir.

Abba Longinos besaß eine große Zerknirschung in seinem Gebet und seiner Psalmodie. Eines Tages fragte ihn nun sein Schüler: „Abba, ist dies die geistliche Regel, dass der Mönch allzeit bei seinem Offizium weint?" Und der Altvater antwortete: „Ja, mein Kind, dies ist die Regel, die Gott jetzt von uns verlangt. Denn am Anfang hat Gott den Menschen nicht erschaffen, damit er weine, sondern damit er sich freue und frohlocke und ihn rein und sündenlos verherrliche wie die Engel. Als er aber in die Sünde fiel, bedurfte er der Tränen. Und all' jene, die gefallen

---

9 Evagrios, 3 *in Ps* 125, 5-6. Evagrios wiederholt diese Erfahrungstatsache des Öfteren, vgl. 5 in Ps 29, 6; 5 *in Ps* 134, 7; Pr 90.
10 Evagrios, *Or* 15.

sind, bedürfen ihrer ebenso. Denn wo es keine Sünden gibt, da sind auch keine Tränen nötig"[11].

*

Auf dieser ersten Stufe des geistlichen Lebens geht es also vornehmlich um das, was Schrift und Väter „Buße" nennen, „Umkehr" und „Umdenken" (*metanoia*). Schon dem bloßen Gedanken an eine solche Umkehr stellen sich jedoch ungeahnte innere Widerstände entgegen. Evagrios spricht hier von einer gewissen inneren, fast tierischen „*Rohheit*" (*agriotês*) oder geistigen „*Gefühllosigkeit*" (*anaisthêsia*)[12] und Stumpfheit, gegen die nur die Tränen der (geistlichen) „Trauer" (*penthos*) helfen.

Bete zuerst um den Empfang der Tränen, um durch die Zerknirschung die deiner Seele einwohnende Rohheit zu erweichen und, indem du „dem Herrn wider dich deine Gesetzlosigkeit bekennst"[13]*, von ihm Vergebung erlangst*[14].

Wohl jedem Menschen ist diese „Rohheit" in Gestalt jenes bedrückenden Seelenzustandes bekannt, den die Väter *Akedia* nennen, *taedium cordis* (Johannes Cassianus), Herzensmattigkeit, Überdruss, innere Leere … Die Tränen sind ein mächtiges Heilmittel dagegen.

---
11 Apophthegma *Nau* 561.
12 Evagrios, *M.c.* 11.
13 Ps 31, 5.
14 Evagrios, *Or* 5.

> *Drückend ist die Traurigkeit*
> *und unerträglich der Überdruss,*
> *Tränen zu Gott aber*
> *sind mächtiger als beide*[15].

Wie umgekehrt auch „*der Geist der Akedia die Tränen vertreibt und der Geist der Traurigkeit das Gebet aufreibt*"[16]. Was also tun, wenn man sich so in der Zwickmühle von innerer Trockenheit, Überdruss und Traurigkeit befindet? Evagrios rät sehr anschaulich, man solle dann

> *die Seele unter Tränen in zwei Hälften teilen, von denen die eine tröstet und die andere getröstet wird, indem wir uns selbst gute Hoffnung säen und uns die zauberischen Worte Davids vorsingen:* „Warum bist du bekümmert, meine Seele, und warum verwirrst du mich? Hoffe auf Gott, denn ich werde ihn bekennen, das Heil meines Antlitzes und meinen Gott."[17]

*

So wohlgefällig also dem Herrn auch ein unter Tränen dargebrachtes Gebet ist[18], Tränen dürfen niemals zum *Selbstzweck* werden! Jedem asketischen Tun des Menschen, insofern es *sein* Tun ist, wohnt in der Tat die fatale Tendenz inne, sich zu verselbstständigen. Das Mittel wird so unversehens zum Zweck.

---

15 Evagrios, *Vg* 39.
16 Evagrios, *Mn* 56.
17 Evagrios, *Pr* 27. Zitat Ps 41, 6. 12; 42, 5.
18 Evagrios, *Or* 6.

Wenn du auch Ströme von Tränen in deinem Gebet vergössest, überhebe dich doch durchaus nicht in dir selbst, so als stündest du über der Menge. Denn dein Gebet hat nur eine [göttliche] Hilfe empfangen, um dich zu befähigen, bereitwillig deine Sünden zu bekennen und dir den Herrn durch die Tränen geneigt zu machen. Verkehre also nicht das Schutzmittel gegen die Leidenschaften selbst in Leidenschaft, um den Geber der Gnade nicht noch mehr zu erzürnen![19]

Wer Sinn und Zweck der Tränen aus den Augen verliert, die „überaus bittere Umkehr" also[20], steht in Gefahr, den „Verstand zu verlieren und in die Irre zu gehen"[21]. Umgekehrt gilt aber auch, dass sich niemand einbilden soll, als „Fortgeschrittener" bedürfe er der Tränen nicht mehr.

Wenn dir dünkt, du bedürfest der Tränen um der Sünden willen nicht mehr bei deinem Gebet, dann beachte, wie weit du dich von Gott entfernt hast, wo du doch ständig bei ihm sein solltest, und du wirst umso heißere Tränen vergießen[22].

*

Diese Warnung, Frucht nüchterner Einschätzung der menschlichen Wirklichkeit, gilt übrigens für die „Praktike" als ganze.

---
19 Id. *Or* 7.
20 Evagrios, 3 *in Ps* 79, 6.
21 Evagrios, *Or* 8.
22 Id. *Or* 78.

So warnt Evagrios etwa seinen „Gnostiker", den Kontemplativen also, „der der Erkenntnis gewürdigt worden ist":

Der heilige Paulus „kasteite seinen Leib und knechtete ihn"[23]. Vernachlässige du also dein Leben lang deine Lebensweise nicht und gib die Leidenschaftslosigkeit nicht der Beschimpfung preis, indem du sie durch einen feisten Leib erniedrigst[24].

Selbst wenn der Mensch das Ziel des „praktischen Lebens", den Zustand des inneren Friedens der Seele, erreicht hat, verschwinden die Tränen also nicht! Sie sind auf dieser Stufe jedoch der Ausdruck der *Demut* und als solche eine Garantie der Echtheit dieses Zustandes der Ruhe angesichts seiner vielgestaltigen dämonischen Nachäffungen[25]. Die Väter werten daher die Tränen nachgerade als ein Zeichen der *Nähe des Menschen zu Gott*, wie Evagrios schon andeutete.

Ein Altvater hat gesagt: „Ein Mensch, der in seinem Kellion sitzt und die Psalmen meditiert, gleicht einem Menschen, der draußen steht und nach dem König verlangt. Jener, der ‚unablässig betet', gleicht dem, der mit dem König spricht. Wer hingegen unter Tränen bittet, gleicht dem, der die Füße des Königs umfasst und Erbarmen von ihm erbittet, wie jene Prostituierte, die durch ihre Tränen in kurzer Zeit all' ihre Sünden abwusch"[26].

---

23 1 Kor 9, 27.
24 Evagrios, *Gn* 37.
25 Evagrios, *Pr* 57.
26 Apophthegma *Nau* 572. Verweis auf Lk 7, 38. 47.

Gewiss hat Gott den Menschen an sich nicht dazu erschaffen, dass er sein Leben mit Weinen verbringe, sondern damit er sich freue, wie Abba Longinos sagte. Doch in Adam sind alle gefallen und darum bedürfen alle der Tränen, wie alle der Buße und Umkehr bedürfen. Dies anzuerkennen ist ein Zeichen aufrichtiger Demut. Gleiches werden wir später über die sogenannten „Metanien" hören, die in der Geste dasselbe zum Ausdruck bringen wie die Tränen.

„Je näher ein Mensch Gott steht, desto mehr empfindet er sich als Sünder", hat ein Vater gesagt, weil allein Gottes Heiligkeit unsere eigene Sündhaftigkeit wirklich sichtbar macht. Tränen stehen daher nicht nur am Anfang des geistlichen Weges der Bekehrung, sondern begleiten ihn auch bis ans Ziel, wo sie sich dann in *„geistliche Tränen und eine gewisse Herzensfreude"* verwandeln, die die heiligen Väter als ein Zeichen der unmittelbaren Einwirkung des Heiligen Geistes werten und damit der Nähe zu Gott[27].

*

2. „Betet ohne Unterlass"[28]

Ein „Gebet" ist nach verbreiteter Vorstellung ein frei formulierter oder bereits in eine feste Form gegossener Text, etwa nach der Art des Vaterunser, des vornehmsten Gebetes der Christen. Ein solches „Gebet" hat also eine vorgegebene Län-

---

27 Diadochos von Photike, c. LXXIII (ed. des Places).
28 1. Thess 5,17.

ge und ist sogar bisweilen, wie das Vaterunser selbst, verhältnismäßig kurz.

„Beten" heißt dann, sich entweder in freier Rede an Gott wenden oder sich zu diesem Tun eines vorgeformten Textes bedienen. Sooft einer aber auf diese Weise auch beten mag, seine „Zwiesprache mit Gott" ist notwendigerweise *zeitlich begrenzt*.

Die Aufforderung des Herrn, „*allzeit (pantote)* zu beten"[29], und des Apostels sogar, „*ohne Unterlass (adialeiptôs)* zu beten"[30], würde dann nicht mehr bedeuten, als *möglichst häufig* zu beten. Die frühen Mönchsväter haben diese Mahnung jedoch, im Gegensatz zu einigen Kirchenvätern, durchaus wörtlich verstanden.

Beständig zu arbeiten, zu wachen und zu fasten ward uns nicht vorgeschrieben, hingegen ward uns geboten, „ohne Unterlass zu beten". Denn die erstgenannten Tätigkeiten, die den leidenschaftlichen Teil der Seele heilen, bedürfen zu ihrer Ausübung auch des Leibes, welcher aufgrund der ihm eigenen Schwäche diesen Mühen nicht gewachsen wäre. Das Gebet hingegen macht den Intellekt stark und rein für den Streit, da er auch ohne diesen Leib zu beten und für alle Vermögen der Seele wider die Dämonen zu kämpfen pflegt[31].

*

---
29 Lk 18, 1.
30 1 Thess 5, 17.
31 Evagrios, *Pr* 49.

Dass das Gebot Pauli wörtlich zu nehmen ist, stand nicht nur für Evagrios fest, die frühen Mönchsväter waren derselben Meinung. Stand also das Prinzip fest, so warf seine Verwirklichung doch Fragen auf.

Frage: Wie kann einer „allzeit beten"? Denn der Leib ermüdet ja beim Gottesdienst.
Antwort: Nicht nur das Stehen zur Zeit des Gebetes wird „Gebet" genannt, sondern auch das „allzeit" [beten].
Frage: Wie [ist das] „allzeit" [zu verstehen]?
Antwort: Ob du isst, trinkst oder auf dem Weg gehst oder irgendein Werk tust, steh nicht ab vom Gebet!
Frage: Wenn man sich nun mit irgendjemandem unterhält, wie kann man das [Gebot] „allzeit zu beten", erfüllen?
Antwort: Im Hinblick darauf hat der Apostel gesagt: „Mit allem Gebet und flehentlicher Bitte" [betet allzeit im Geiste][32]. *Wenn du also, während du dich mit jemand anderem unterhältst, nicht dem Gebet obliegst, „bete mit einer flehentlichen Bitte".*
Frage: Welches Gebet soll man beten?
Antwort: Das „Vater unser im Himmel" *usw.*
Frage: Welches Maß soll man beim Gebet einhalten?
Antwort: Ein Maß war [uns] nicht angegeben. Denn das „allzeit" und das „ohne Unterlass beten" hat kein Maß. Denn ein Mönch, der nur betet, wenn er sich zum Gebet hinstellt, ein solcher betet überhaupt nicht. Und er fügte noch hinzu: „Wer dies vollbringen will, muss alle

---
[32] Eph 6, 18.

Menschen wie einen einzigen ansehen[33] *und sich der üblen Nachrede enthalten*"[34].

„Allzeit" und „ohne Unterlass beten" bedeutet also nichts weniger als, *immer* und *überall* beten. Gebet ist hier kein Tun *neben* anderen Tätigkeiten, sondern es geschieht *zur gleichen Zeit* mit diesen! Wie man dies vollbringen kann, erfahren wir hier zwar nicht, doch macht der befragte Vater bei genauem Zusehen eine wichtige Unterscheidung zwischen „Gebet" (*proseuchê*) und „flehentlicher Bitte" (*deêsis*). Für ersteres nennt er als Beispiel das Vaterunser, das üblicherweise laut gesprochen wird, wie letztere aussieht, erfahren wir hier nicht. Der Hinweis auf Eph 6,18 deutet nur an, dass sie irgendwie *„im Geiste"* geschieht.

Wir wollen daher zunächst nach der „Technik" des „unablässigen Gebetes" fragen, und uns die „Methode", es zu erlernen und zu üben, genauer ansehen.

*

Aus dem *Russischen Pilger* und namentlich der *Philokalia*, jener Anthologie aus den Schriften der heiligen Väter, das ersterer ständig bei sich trug, sind vielen jene spezifisch hesychastischen Methoden bekannt, die die byzantinischen Mönche im 13./14. Jahrhundert entwickelt haben, d. h. das Sitzen auf einem niedrigen Schemelchen, die gebeugte Körperhaltung, die Kontrolle des Atems usw. Diese Methoden, die für „He-

---

33 Vgl. Evagrios, *Or* 125: „Ein Mönch ist, wer sich selbst mit allen für eins hält, weil ihm beständig dünkt, sich selbst in einem jeden zu erblicken". Das heisst: „Den Nächsten lieben, wie sich selbst"!
34 J. – C. Guy, "Un entretien monastique sur la contemplation", RSR 50 (1962), 230 ff. (Nr. 18-22).

sychasten" bestimmt sind, d. h. für Mönche, die in größter Abgeschiedenheit leben, und die nur unter Anleitung eines erfahrenen Lehrers geübt werden dürfen, sind stets nur wenigen zugänglich. Wir wollen uns daher lieber den Praktiken der frühen Väter zuwenden, die in ihrer Einfachheit auch für eine größere Zahl erreichbar sind[35].

Die ägyptischen Wüstenväter hatten schon früh ihre eigenen Überlieferungen und Gebräuche. Gewiss spiegeln diese zum Teil ihre besondere Lebensweise wider, doch lässt sich ebenso sagen, dass sie umgekehrt ihre Lebensweise ganz dem angestrebten Ziel entsprechend einrichteten.

Die Tagzeiten und Oden [des Offiziums] sind kirchliche Traditionen, und sie sind gut im Hinblick auf den Einklang des ganzen Volkes; gleiches gilt für die [klösterlichen] Gemeinschaften um des Einklanges der Vielen willen. Die Sketioten[36] jedoch haben weder Tagzeiten noch sagen sie Oden, sondern [allein lebend beschäftigen sie sich mit] Handarbeit, Meditation und Gebeten in kleinen Abständen.

Was die Vesper betrifft, so sagen die Sketioten zwölf Psalmen und am Ende eines jeden Psalms sagen sie statt der Doxologie „Alleluja" und verrichten ein Gebet. Ebenso halten sie es beim Nacht[offizium]: zwölf Psalmen, und nach den Psalmen setzen sie sich zur Handarbeit[37].

*

---

35 Zum Folgenden vgl. G. Bunge, Das Geistgebet, Köln 1987, Kapitel II: „Betet ohne Unterlass".
36 Gemeint sind die Mönche der Sketischen Wüste.
37 Barsanuphios und Johannes, *Briefe* Nr. 143.

Die Mönche der Sketischen Wüste kannten also nur zwei Offizien, die *Vesper* nach Sonnenuntergang, und die *Vigil*, eine Nachtwache von vier Stunden bis zum Sonnenaufgang[38], die zum Teil auch aus Handarbeit bestand, der sie übrigens auch praktisch den ganzen Tag widmeten. Diese Handarbeit legten die pachomianischen Mönche sogar beim gemeinsamen Gebet nicht beiseite, da sie den Geist nicht zerstreut, sondern im Gegenteil sammeln hilft. Die Sketioten, bzw. jener Mönch, an den Johannes von Gaza schreibt, hielten es folgendermaßen:

Wenn du dich zur Handarbeit hinsetzt, sollst du [einen Abschnitt der Heiligen Schrift] auswendig lernen oder Psalmen sagen. Am Ende eines jeden Psalms sollst du sitzend beten: „O Gott, erbarme dich meiner, des Elenden"[39]*. Wenn du von den Gedanken belästigt wirst, dann füge hinzu: „O Gott, du siehst meine Bedrängnis, komm mir zu Hilfe"*[40]*.*
Wenn du nun drei Reihen des Netzes gemacht hast, dann steh auf zum Gebet, und wenn du die Knie gebeugt hast, und gleichfalls wenn du wieder aufstehst, verrichte das genannte Gebet[41]*.*

Die „Methode" ist also denkbar einfach. Sie besteht darin, die Arbeit, hier gewöhnliche *Handarbeit*, in festgesetzten „kleinen Abständen" zu unterbrechen, um sich zum Gebet und der damit verbundenen Prostration zu erheben. So ver-

---

38 Ibid. *Briefe* Nr. 146.
39 Vgl. Ps 50, 3.
40 Vgl. Ps 69, 6.
41 Barsanuphios und Johannes, *Briefe* Nr. 143.

richteten etwa Makarios der Alexandriner[42] und sein Schüler Evagrios, der seinen Lebensunterhalt mit dem Abschreiben von Büchern verdiente, täglich *100 Gebete*[43] und entsprechend 100 Kniefälle. Wie andere Texte belegen, scheint das die übliche „Regel" gewesen zu sein[44], doch finden sich auch andere Angaben, da jeder sein persönliches „Maß" hatte[45].

Während der Handarbeit blieb der Geist ebenfalls nicht müßig, sondern beschäftigte sich mit der „Meditation", d. h. dem betrachtenden Wiederholen von Schriftversen, sehr oft Psalmen, die man eben zu diesem Zweck *auswendig lernte*. Einer solchen „Meditation" folgte jeweils ein sehr kurzes *Stoßgebet*, das sitzend verrichtet wurde. Es war inhaltlich nicht festgelegt und konnte, wenn man eine bestimmte „Formel" angenommen hatte, nach Belieben abgewandelt werden. Weder die oben genannten „Gebete" noch diese Stoßgebete waren sonderlich lang und brauchten es auch nicht zu sein.

Was das Ausdehnen des Gebetes betrifft, wenn du [im Gebet] stehst oder „unablässig betest" gemäß dem Apostel, so brauchst du [das Gebet] nicht auszudehnen, wenn du aufstehst. Denn den ganzen Tag über ist dein Intellekt im Gebet[46].

Bei längeren Gebeten besteht nämlich immer die Gefahr der Zerstreuung, weil die Konzentration schnell nachlässt, oder

---

42 Palladios, *Historia Lausiaca* 20: Butler 63, 33 ff.
43 Ibid. 38: Butler 120, 11.
44 Apophthegma J 741 (Regnault, Série des anonymes S. 317).
45 Vgl. L. Regnault, « La prière continuelle ‹ monologistos › ... », Irénikon 48 (1975), S. 479 ff.
46 Barsanuphios und Johannes, *Briefe* Nr. 143.

schlimmer, weil die Dämonen ihr Unkraut dazwischen säen[47].
Inhaltlich sind diese kleinen Gebete ganz biblisch inspiriert.
Sie formen das gehörte Gotteswort in persönliches Gebet um,
bzw. übernehmen es auch einfach so, wie es dasteht.

Wenn du nun im Gebet stehst, sollst du bitten, erlöst und von dem „alten Menschen" befreit zu werden[48], *oder das Vaterunser sagen oder auch beides zusammen*[49], *und dann setz dich hin zur Handarbeit*[50].

*

Es sollte niemandem allzu schwer fallen, der „wahrhaft beten" will, von diesen sehr einfachen Prinzipien ausgehend seine ganz persönliche „Methode" zu entwickeln, die den eigenen Lebensumständen, vor allem natürlich der eigenen Arbeit Rechnung trägt. Denn bei näherem Zusehen sieht man ja, dass diese Wüstenväter gar kein Gebetsleben *neben* ihrem sonstigen Leben führten, sondern arbeiteten, wie jeder Mensch auch, um leben zu können, und auch sechs Stunden Nachtruhe nahmen. Ihr *Gebetsleben ist identisch mit ihrem täglichen Leben*, durchdringt es vollkommen und führt schließlich dazu, dass der Geist *„den ganzen Tag über im Gebet ist"*. Daran ändern selbst äußere Umstände und „Störungen", wie etwa Gespräche mit Besuchern, nichts mehr.

---

47 Cassian, *Conl* IX, 36; ebenso Augustinus, *Briefe* Nr. CXXX, 20.
48 Vgl. Eph 4, 22; Kol 3, 9.
49 Barsanuphios und Johannes, *Briefe* Nr. 176.
50 Ibid. *Briefe* Nr. 143.

Die Brüder machten folgenden Bericht: „Wir gingen einmal zu den Altvätern, und nachdem wir der Sitte gemäß gebetet und einander begrüßt hatten, setzten wir uns. Nach der Unterhaltung baten wir, da wir gehen wollten, ein Gebet zu sprechen. Da sagte einer der Altväter zu uns: ‚Wie, habt ihr nicht gebetet?' Und wir antworteten ihm: ‚Als wir eintraten, Abba, fand ein Gebet statt, und dann haben wir uns bis jetzt unterhalten'. Da sagte der Altvater: ‚Verzeiht, Brüder, aber einer der Brüder, der bei uns saß und sich mit uns unterhielt, hat [währenddessen] 103 Gebete verrichtet'. Und als er dies gesagt hatte, verrichteten sie ein Gebet und entließen uns"[51].

Es ist leicht zu begreifen, dass ein solches Tun, für das ein zeitweiliger oder beständiger Rückzug in die Stille gewiss sehr förderlich, aber durchaus nicht unentbehrlich ist, den Geist mit Gottes Gnade irgendwann in einen „Zustand des Gebetes" versetzt, wo alles nichtige Schweifen der Gedanken aufhört und der Geist „feststeht", den Blick seiner „Augen" unablässig auf Gott gerichtet[52]. Diesen ersehnten „Zustand" definiert Evagrios einmal folgendermaßen:

Der Zustand des Gebetes ist eine leidenschaftslose Verfassung, die den weisheitsliebenden (philosophon)[53] *und*

---

51 Apophthegma *Nau* 280.
52 Vgl. G. Bunge, Geistgebet, Kapitel V: Der „Zustand des Gebetes".
53 Gemeint ist mit der Weisheit der Sohn.

vergeistigten[54] *Intellekt in einem äußersten Liebesverlangen* (erôti) *zur intelligiblen Höhe hinweg reißt*[55].

Wie dieses „Hingerissenwerden" schon andeutet, ist das Tun des Menschen hier an sein Ziel gekommen, und Gott selbst, d. h. der Vater durch Sohn und Geist, ist fortan der Handelnde. „Gebet" ist nun nicht mehr ein besonderes und darum notwendigerweise zeitlich begrenztes Tun unseres Geistes neben anderen Tätigkeiten, sondern ein dauerhafter „Zustand des Intellektes". Da es die „seiner Würde gemäße Tätigkeit des Intellektes"[56] ist, ist es so spontan und natürlich wie das *Atmen*. In diesem Sinn riet der sterbende Antonios seinen Jüngern:

> *Christus atmet allezeit,*
> *und an ihn glaubet*[57].

Gebet ist gleichsam der *geistige Atem der Seele*, ihr wahres und eigentliches Leben.

*

Dieses Ideal des immerwährenden Verharrens im Gebet, *„das einzige Ziel des Mönchs und die Vollkommenheit des Herzens"*[58], ist indessen keineswegs allein den Mönchen vorbehalten, denn es ist in Wirklichkeit viel älter als das Mönchtum und

---

54 Geistlich *(pneumatikos)* oder vergeistigt ist der Intellekt, weil er vom Heiligen Geist heimgesucht ward.
55 Evagrios, *Or* 53.
56 Id. *Or* 84.
57 Athanasios, *Vita Antonii* 91, 3 (ed. Bartelink).
58 Cassian, *Conl* IX, 2.

dürfte auf eine jener *„ursprünglichen, ungeschriebenen Überlieferungen"* zurückgehen, die die Kirchenväter auf die Apostel selbst zurückführen. Schon Klemens von Alexandrien schrieb ja von seinem wahren „Gnostiker", dass „sein ganzes Leben ein Gebet und ein Gespräch mit Gott ist"⁵⁹.

Er betet aber unter allen Verhältnissen, mag er nun einen Spaziergang machen oder in Gesellschaft sein oder ausruhen oder lesen oder ein verständiges Werk beginnen. Und wenn er in der „Kammer" seiner Seele selbst nur einen Gedanken hegt und „mit unaussprechlichen Seufzern"⁶⁰ „den Vater anruft"⁶¹, *ist dieser nahe bereits zugegen, während jener noch spricht*⁶².

Die frühen Mönche haben eigentlich nichts anderes getan, als diesem Ideal eine feste Form zu geben, die in ihrer Einfachheit jedem zugänglich ist, der es nur ernstlich will. Denn jede „Seele" ist von ihrem Wesen her darauf angelegt, „den Herrn zu preisen".

„Alles, was Atem hat, preise den Herrn":
*Wenn nach Salomon „das Licht des Herrn der Atem der Menschen"*⁶³ *ist, dann soll jede vernünftige Natur, die dieses „Licht" einatmet, den Herrn preisen*⁶⁴.

* *

---

59 Klemens von Alexandrien, *Stromateis* VII, 73, 1.
60 Röm 8, 26.
61 1 Pt 1, 17.
62 Klemens von Alexandrien, *Stromateis* VII, 49, 7.
63 Spr 20, 27.
64 Evagrios, 10 *in Ps* 150, 6.

3. „Herr, erbarme dich meiner!"[65]

Manchem Leser der *Aufrichtigen Erzählungen eines russischen Pilgers* wird es vielleicht merkwürdig erschienen sein, dass die traditionelle Formel des immerwährenden Herzensgebetes lautet: „*Herr Jesus Christus, erbarme dich über mich Sünder.*" Er mag sich darüber gewundert haben, dass dieses Herzstück des ostkirchlichen Hesychasmus eigentlich eine Art *Bußgebet* ist. Wer das Kapitel über die Tränen der Metanoia gelesen hat, wird sich indessen weniger wundern. Es scheint ihm vielmehr ganz folgerichtig, dass sich die Väter schließlich auf diese Formel geeinigt haben, die in vollkommener Weise jenen *Geist* widerspiegelt, der die Väter von Anfang an bei ihrem Tun beseelte.

*

Der Brauch, regelmäßig Gebete in Form sehr kurzer Anrufungen zu verrichten, ist bereits für die Anfänge des Mönchtums in Ägypten belegt. Sein Ursprung geht sachlich auf die apostolische Zeit zurück, d. h. er hat seinen Ursprung vermutlich in jenen *kurzen Anrufungen Christi*, von denen wir aus den Evangelien wissen. Ebenso wie sich der Psalmist immer wieder mit dem Ruf: „Erbarme dich meiner, o Herr!"[66] an *Gott* wendet[67], so wenden sich nun Kranke und Leidende aller Art an *Jesus* mit der Bitte: „Erbarme dich meiner, Herr,

---
65 Ps 40, 5.
66 Vgl. Ps 6, 3; 9, 14; 40, 5. 11; 85, 3.
67 Vgl. Ps 50, 3; 56, 2.

Sohn Davids!"[68] Implizit enthält diese Anrufung also bereits ein Bekenntnis zur Gottheit Christi.

Auf welchen Wegen dieser „verborgene und alte Brauch"[69] nach Ägypten gelangt ist, entzieht sich mangels zeitgenössischer Dokumente unserer Kenntnis. Vermutlich haben erst die ägyptischen Mönche aus diesen zunächst ganz spontanen, aber bereits formal und inhaltlich fast identischen Anrufungen Christi eine „Methode" entwickelt[70]. Wie Augustinus bezeugt, wusste man schon früh, jedenfalls vom Hörensagen her, auch außerhalb Ägyptens von dieser „Methode".

Man sagt, die Brüder in Ägypten hätten gewisse, häufig wiederholte Gebete, die jedoch äußerst kurz sind und schnell wie Speere geschleudert werden, damit jene wachsam errichtete Aufmerksamkeit, die dem Betenden am allermeisten vonnöten ist, nicht durch allzu langes Verweilen hinschwinde und abstumpfe[71].

Von diesen, „Speerstößen" (*quodam modo iaculatas*) gleichenden Gebeten, auf die unsere „Stoßgebete" zurückgehen, spricht schon Evagrios in zahlreichen seiner Schriften als einer offenbar allbekannten Übung. Sie sollen „häufig", „ununterbrochen" und „unablässig" verrichtet werden, und dabei „bündig" und „kurz" sein, um nur einige der vielen

---
68 Mt 15, 22 usw.
69 Vgl. Evagrios, *M.c.* 5, 26 f. (über einen anderen Aspekt des Gebetes).
70 Zu einem frühen epigraphischen Zeugnis aus dem Raum des koptischen Mönchtums vgl. A. Guillaumont, „Une inscription copte sur la Prière de Jésus", id. Aux origines du monachisme chrétien (SO 30), Bellefontaine 1979, 168-183. Vgl. auch id. „La Prière de Jésus chez les moines d'Egypte", l.c. 127-134.
71 Augustinus, *Briefe* Nr. CXXX, 20 ad Probam (ed. Goldzieher III, S. 62).

Synonyme zu nennen, deren er sich in diesem Zusammenhang bedient. Der Mönch verrichtet sie vor allem, aber nicht ausschließlich, in Zeiten der *Anfechtung*.

Zur Zeit derartiger Versuchungen bediene dich eines kurzen und anhaltenden Gebetes![72]

Gemeint sind die im vorhergehenden Kapitel[73] genannten dämonischen Versuchungen, die das „reine Gebet" zunichte machen wollen. In diesem Zusammenhang gibt Evagrios auch ein Beispiel für solche „kurzen Gebete".

*„Ich werde kein Übel fürchten,
denn du bist bei mir."*

Es handelt sich also um einen kurzen *Psalmvers*[74]. Wie die anschließende Bemerkung, *„und ähnliche [Texte dieser Art]"* lehrt, stand dem Beter dabei die Wahl völlig frei. Eine festgelegte Formel kennt Evagrios also offensichtlich noch nicht. Johannes Cassianus hingegen, ein Zeitgenosse des Evagrios, hat von seinen ägyptischen Lehrmeistern den Psalmvers 69,2 als in allen Lebenslagen geeignetstes Stoßgebet empfangen[75].

*„O Gott, merk' auf meine Hilfe,
Herr, eile mir zu helfen!"*

*

---

72 Evagrios, *Or* 98.
73 Vgl. ibid. *Or* 97.
74 Ps 22, 4.
75 Cassian, *Conl* X, 10. Mit „Gott" ist hier Christus gemeint, siehe unten.

Sowohl Evagrios als auch Cassian, bzw. ihre Lehrer, empfehlen also als Stossgebete kurze *Schriftverse*. Die scheint allgemeiner Brauch gewesen zu sein.

Einer der Väter erzählte: „In den Kellia gab es einen gewissen eifrigen Altvater, der [als Bekleidung nur] eine Binsenmatte trug. Der ging hin und besuchte den Altvater Ammonas. Als der Altvater [Ammonas] ihn mit der Binsenmatte [bekleidet] sah, sagte er zu ihm: ‚Das nützt dir gar nichts!' Da fragte ihn der Altvater: ‚Drei Gedanken belästigen mich: Entweder in der Wüste zu weilen oder in die Fremde zu gehen, wo niemand mich kennt, oder mich in ein Kellion einzuschließen und niemandem zu begegnen und nur jeden zweiten Tag zu essen'. Da sagt Abba Ammonas zu ihm: ‚Keines von den dreien steht dir an zu tun. Setz dich vielmehr in dein Kellion, iss ein wenig jeden Tag und hab' allzeit das Wort des Zöllners in deinem Herzen, und du kannst gerettet werden.'"[76]

Gemeint sind die Worte: „*O Gott, sei mir Sünder gnädig*"[77], eine freie Fassung von Ps 78,9. Ammonas ist ein direkter Schüler Antonios' des Großen, in dessen Vita aus der Feder Athanasios' des Großen wir nicht nur lesen, dass dieser „Erstling der Anachoreten" (Evagrios) *„unablässig betete"*[78] sondern auch, dass er die heftigen Versuchungen der Dämonen mit kurzen *Psalmversen* parierte[79]. Von einem anderen

---
76 Apophthegma *Ammonas* 4.
77 Lk 18, 13.
78 Athanasios, *Vita Antonii* 3, 6.
79 Ibid. 13, 7 und 39, 3. 5.

Schüler des Antonios, Makarios der Ägypter, dem Lehrer des Evagrios, ist folgender Spruch überliefert.

> *Einige fragten Abba Makarios: „Wie sollen wir beten?" Der Altvater antwortete ihnen: „Es ist nicht nötig zu plappern[80], sondern man braucht nur die Hände auszustrecken und zu sagen: Herr, wie du willst[81] und wie du weißt, erbarme dich meiner"[82]. „Wenn aber ein Kampf ansteht: Herr, hilf mir! Er selbst weiß, was nötig ist, und übt mit uns Barmherzigkeit"[83].*

Mit diesem schlichten „Herr, hilf mir!" hatte die kananäische Frau, eine „unreine Heidin", die anfängliche Weigerung Jesu überwunden.

Wie diese wenigen Beispiele zeigen, gibt es also eine ununterbrochene Überlieferung der „Brüder in Ägypten" (Augustinus), die auf Antonios den Großen selbst zurückgeht und über diesen hinaus auf die eine oder andere Weise bis in die Zeit Christi hinaufreicht.

*

Überblickt man die uns in verstreuten Texten überlieferten Zeugnisse solcher „Stoßgebete", dann fällt bei aller Verschiedenheit in der Form, ähnlich wie bei ihren neutestamentlichen Vorbildern, der allen gemeinsame Geist auf. Es han-

---
80 Vgl. Mt 6, 7.
81 Vgl. Mt 6, 10.
82 Ps 40, 5.
83 Apophthegma *Makarios der Große* 19.

delt sich stets um *Hilferufe des angefochtenen Menschen*: „O Gott, sei mir Sünder gnädig!"[84] „Herr, erbarme dich meiner! oder „Herr, hilf mir!"[85], „Sohn Gottes, hilf mir!"[86], „Sohn Gottes, erbarme dich meiner!"[87], „Herr, errette mich vor dem Bösen!"[88]

Von daher wird verständlich, was Evagrios meint, wenn er rät, „*nicht pharisäisch, sondern zöllnerisch zu beten*"[89], wie jener Zöllner des Evangeliums nämlich, der sich aus tiefstem Herzen – siehe das Schlagen an die Brust – als Sünder bekannte, dessen einzige Hoffnung die göttliche Vergebung ist[90].

Der all' diesen Stoßgebeten gemeinsame Geist ist der *Geist der Metanoia*, der Reue, Umkehr und Buße. Eben jener Geist also, der allein fähig ist, die „frohe Botschaft" von der „Versöhnung in Christus" anzunehmen[91].

> *Die Zeit ist erfüllt*
> *und das Reich Gottes ist nahe.*
> *Kehrt um*
> *und glaubt an das Evangelium!*[92]

Ohne „Umkehr" kein Glaube, ohne Glaube keine Teilhabe an dem Evangelium der Versöhnung. Die Predigten der

---

84 Apophthegma *Ammonas* 4.
85 Apophthegma *Makarios der Große* 19.
86 Apophthegma *Nau* 167.
87 Apophthegma *Nau* 184.
88 Apophthegma *Nau* 574.
89 Evagrios, *Or* 102.
90 Lk 18, 10-14.
91 Vgl. 2 Kor 5, 18-20.
92 Mk 1, 15.

Apostel, die uns Lukas in seiner Apostelgeschichte überliefert hat, enden daher fast durchweg mit diesem Aufruf zur „Umkehr"[93]. Diese Metanoia aber ist nicht ein einmaliger Akt, sondern ein lebenslanges Geschehen. Den „Geist der Buße", Ausdruck der *von Herzen kommenden Demut*, erlangt man nicht ein für alle Male.

Ein Leben reicht nicht aus, um von Christus diesen, ihn nach seinen eigenen Worten vor allem auszeichnenden Wesenszug zu „lernen"[94]. Die Übung der im Geist des reuigen Zöllners wieder und wieder, vernehmlich oder im Herzen gesprochenen „flehentlichen Bitte", von der im vorhergehenden Kapitel die Rede war, ist eines der besten Mittel, in uns das Verlangen nach aufrichtiger Metanoia wach zu halten.

*

Die kurzen Stoßgebete richten sich, wie ihre neutestamentlichen Entsprechungen lehren, von Anfang an ausnahmslos an *Christus*, auch wenn dies zunächst nicht immer explizit zum Ausdruck gebracht wird, da es sich ja oft um *Psalmverse* handelt. Bei der Anrufung des „Herrn" ist dies von vornherein selbstverständlich, ist doch das Bekenntnis zu Christus als vom *Kyrios* das älteste christliche Credo[95].

Aber der Name „*Christus*" ist für die ersten Christen praktisch gleichbedeutend mit „*Sohn Gottes*"[96]. Deshalb wird der Sohn

---
[93] Vgl. Apg 2, 38; 3, 19; 5, 31; 17, 30.
[94] Vgl. Mt 11, 29.
[95] Apg 2, 36.
[96] Vgl. 4, 41; Joh 20, 31.

auch direkt „Gott" genannt: *„Mein Herr und mein Gott!"* Mit diesem Bekenntnis fasst der Apostel Thomas seinen Glauben an den Auferstandenen in Worte[97]. Das erklärt, warum Evagrios in einem kleinen, aus Psalmversen zusammengesetzten Gebet spontan die Anrufung *„Herr, Herr"* in *„Herr, Christus"* abwandelt, und damit auch die Worte „Gott und Beschirmer" ganz selbstverständlich ebenfalls auf Christus bezieht.

> *Herr, Christus,*
> *Kraft meines Heiles*[98]*,*
> *neige mir dein Ohr zu,*
> *eile, mich herauszureißen!*
> *Werde mir zum Gott und Beschirmer*
> *und zu einem Haus der Zuflucht,*
> *um mich zu erretten*[99]*.*

Die später allgemein üblich gewordene Formel: *„Herr Jesus Christus, erbarme dich meiner"* sagt somit nur explizit, was implizit bereits von Anfang an gemeint war, dass es nämlich *„keinen anderen Namen unter dem Himmel gibt, in dem der Mensch gerettet werden könnte"*[100], als eben den Namen Jesu Christi. Ganz zu Recht haben daher die heiligen Väter später besonderen Wert auf dieses heilbringende Bekenntnis zu „Jesus dem Christus" gelegt, bis hin zu einer wahren *Mystik des Namens Jesu*. Denn der Beter reiht sich ja mit seiner „flehentlichen Bitte" bewusst in die Zahl jener Blinden, Gelähmten usw. ein, die Jesus zu seinen Lebzeiten um Hilfe anriefen, wie

---
97 Joh 20, 28.
98 Ps 139, 8.
99 Evagrios, *M.c.* 34. Letztes Zitat Ps 30, 3.
100 Apg 4, 12.

wir sahen. Sie taten dies in einer Weise, wie man sich eigentlich nur an Gott wenden kann. Sie bezeugen damit, noch ehe es feste *Bekenntnisformeln* gab, ihren Glauben an die *Gottessohnschaft des Erlösers*.

Dieses Bekenntnis zu Jesus Christus als dem Herrn im ersten Teil des sogenannten Jesusgebetes, ist unlösbar von der *Bitte um Hilfe und Erbarmen* des zweiten Teiles. Wer meint, er habe diesen zweiten Teil, die *Metanoia*, von einem bestimmten Augenblick an nicht mehr nötig, der erinnere sich an das, was Evagrios über die Tränen sagte ...

*

Der Herr hat uns gelehrt, „*allzeit zu beten*". Er hat uns aber auch vor der heidnischen Unsitte des „Plapperns" gewarnt, dem Viele-Worte-Machen[101]. Die Väter haben sich diese Mahnung sehr zu Herzen genommen. Schon Klemens von Alexandrien sagt von seinem wahren Gnostiker:

> *Bei dem Gebet aber, das er laut spricht, verwendet er nicht viele Worte, da er von dem Herrn auch gelernt hat, worum er beten muss*[102]. *Er wird also „an jedem Ort"*[103], *aber nicht in aller Öffentlichkeit und vor aller Augen beten*[104].

---

101 Mt 6, 7.
102 Gemeint ist hier das Vaterunser (Mt 6, 9-13).
103 1 Tim 2, 8.
104 Klemens von Alexandrien, *Stromateis* VII, 49, 6.

Evagrios, der sich dieses Ideal des wahren christlichen Gnostikers ganz zu Eigen gemacht und in die Spiritualität des Mönchtums integriert hat, führt den Gedanken weiter aus.

> *Das Lob des Gebetes ist nicht einfach eine Frage der Quantität, sondern der Qualität.* Dies machen die „zum Tempel Hinaufsteigenden"[105] *deutlich, und ferner das Wort:* „Ihr aber, wenn ihr betet, plappert nicht" *usw.*[106]

Evagrios, der ja selbst täglich 100 Gebete verrichtete, ist kein Gegner der „Quantität". Sie gehört zur „praktischen Weise" des Gebetes, die ohne Übung und damit Wiederholung nicht auskommen kann. Doch ebenso wie der „Buchstabe" ohne den „Geist" oder „Sinn" gar nicht existieren könnte, ebenso macht auch die bloße Quantität das Gebet noch nicht „lobenswert", d. h. Gott angenehm, wenn ihm nicht die innere „Qualität", sein christlicher Gehalt entspricht, wie uns der Herr selbst gelehrt hat[107].

Der Wortschwall des zwar tugendhaften aber selbstgerechten Pharisäers ist wertlos im Vergleich zu den wenigen Worten des sündenbeladenen, aber reuigen Zöllners. Ebenso wertlos ist das „Viele-Worte-Machen" der plappernden Heiden, die sich so verhalten, als ob Gott nicht wüsste, wessen der

---

105 Lk 18, 10. Gemeint sind der Pharisäer und der Zöllner.
106 Evagrios, Or 151.
107 Der Schluss des oben zitierten Kapitels („und so weiter") deutet an, dass Evagrios als Beispiel für rechtes Beten das Vaterunser im Sinn hat, das Christus ja seine Jünger im Anschluss an die Warnung vor dem Plappern lehrte.

Mensch bedarf[108], im Vergleich zu den wenigen, vertrauensvollen Worten des Vaterunser. Auf die Frage, welches „Gebet" man sagen solle, antworten die Väter daher, wie wir sahen, auch durchweg mit dem Hinweis auf das *Herrengebet*[109].

In den kleinen Stoßgebeten, die jeder ohne Mühe und unter allen Umständen, selbst in Gegenwart anderer „im Geiste" sprechen kann, sowie dem andächtig „in der Kammer" mit vernehmlicher Stimme gesprochenen Vaterunser haben die Väter einen Weg gefunden, „Quantität" und „Qualität" miteinander zu verbinden, d. h. „allzeit" und „unablässig" zu beten, ohne doch in geistloses Geplapper zu verfallen.

*

Und noch ein Letztes. Paulus lehrte die Thessalonicher nicht nur, „ohne Unterlass zu beten", er fügte auch hinzu, sie sollten *„in allem Dank sagen"*[110]. Der Geist der Metanoia des Herzensgebetes verträgt sich in der Tat durchaus mit der Danksagung für alles Gute, das uns der Herr tut. Eine der evagrianischen „Definitionen" des Gebetes lautet daher:

> *Das Gebet ist eine Frucht der Freude und der Danksagung*[111].

---

108 Mt 6, 8.
109 Die Worte des Vaterunser bilden übrigens gleichsam den roten Faden der Schrift des Evagrios „Über das Gebet". Vgl. Bunge, Geistgebet, Kapitel III: „Das Herrengebet".
110 1 Thess 5, 18.
111 Evagrios, *Or* 15.

Die alte äthiopische Überlieferung hat dem immerwährenden Herzensgebet eine besondere Form gegeben, die in einzigartig schlichter Weise beides miteinander verbindet, Bitte und Danksagung.

> *Abba Paulos der Koinobit hat gesagt: „Wenn du unter den Brüdern weilst, arbeite, lerne auswendig, erhebe langsam die Augen zum Himmel und sprich aus tiefstem Herzen zum Herrn: ‚Jesus, erbarme dich meiner! Jesus, hilf mir! Ich preise dich, mein Gott!'"*[112]

Dieselbe äthiopische Überlieferung ist es auch, die uns den wahren *theologischen Horizont* allen christlichen Betens ins Gedächtnis ruft: das eschatologische Harren auf die Parusie des Herrn, seine zweite Ankunft *„in der Herrlichkeit seines Vaters mit den heiligen Engeln"*[113].

> *Ein Bruder hat mir gesagt: „Sieh, worin das Harren auf den Herrn besteht: Das Herz ist dem Herrn zugekehrt, während man ruft: Jesus, erbarme dich meiner! Jesus, hilf mir! Ich preise dich allezeit, mein Gott, Lebendiger! Und man erhebt langsam die Augen, indem man diese Worte in seinem Herzen zum Herrn sagt"*[114].

*

---

[112] Apophthegma *Eth. Coll.* 13, 42.
[113] Mk 8, 38.
[114] Apophthegma *Eth. Coll.* 13, 26.

4. „Erhöre, Herr, mein Rufen!"[115]

Wir sind es gewohnt, dass gemeinschaftliche bzw. vom Priester oder einem sogenannten „Vorbeter" namens der Gemeinde vorgetragene Gebete mit vernehmlicher Stimme verrichtet werden. Für sich allein betet hingegen meist jeder schweigend. Der biblische Mensch *las* demgegenüber nicht nur mit halblauter Stimme, d. h. er las sich eigentlich selbst vor, er *meditierte* und *betete* sogar in der Regel ebenfalls mit vernehmlicher Stimme. In den Psalmen etwa sind daher wieder und wieder Wendungen zu finden wie: *„Erhöre die Stimme meines Flehens"*[116]. Mehr noch, der Beter *„schreit mit seiner Stimme zu Gott"*[117], von lautem „Rufen" und gar „Schreien" ist die Rede[118].

Dies ist offenbar die Regel, nicht die Ausnahme. Als die vor Schmerz verstummte Anna im Tempel von Silo betete und dabei nur die Lippen bewegte, ohne ihre Stimme vernehmen zu lassen, kam der Priester Heli daher zu dem Schluss, sie müsse betrunken sein…[119]

Die uns im Neuen Testament und noch zahlreicher in den Schriften der heiligen Väter überlieferten Gebete, die bei dieser oder jener Gelegenheit gesprochen worden sein sollen, sind daher nicht einfach als bloße dichterische Erfindung ab-

---
115 Ps 26, 7.
116 Ps 27, 2 u.ö.
117 Ps 3, 5 und sehr oft.
118 Ps 5, 2; 17, 7 usw.
119 1 Sam 1, 12 ff.

zutun. Für den Menschen der Antike war es selbstverständlich, dass solche frei formulierten Gebete für alle vernehmlich gesprochen wurden und daher auch wie „Aussprüche" überliefert werden konnten. Die Sprüche der Wüstenväter sind denn auch voll von solchen zum Teil sehr kurzen und schlichten, bisweilen aber auch recht umfangreichen, jeweils im Augenblick frei formulierten Gebeten.

> *Man erzählte von Abba Makarios dem Großen, dass er einst während vier Monaten täglich einen Bruder in der Sketis besuchte und ihn nicht einmal untätig fand. Als er ihn noch einmal besuchte und draußen an der Tür stehen blieb, hörte er ihn unter Tränen sagen: „Herr, hören deine Ohren mein Schreien zu dir nicht? Erbarme dich meiner um meiner Sünden willen, denn ich werde nicht müde, dich um Hilfe anzurufen"*[120].

Den meisten Menschen mag eine solche unmittelbare Gefühlsäußerung heute eher fern liegen, ja seinen Vorstellungen von „Gebet" und „Meditation" durchaus nicht entsprechen. Und doch lehren die geistlichen Väter, im christlichen Osten bis auf den heutigen Tag, dass man selbst das *Herzensgebet*, jedenfalls zu Anfang und für eine bestimmte Zeit, bevor es sich wirklich mit dem Herzschlag verbunden hat, *halblaut* verrichten solle. Sie wussten nämlich, dass dies, ebenso wie beim halblauten Lesen bzw. der „Meditation", ein vorzügliches Mittel ist, um der sonst so schwer zu bewältigenden *Zerstreuung* des Geistes Herr zu werden.

---

[120] Apophthegma *Nau* 16.

Wenn der Intellekt vagabundiert, dann bringen ihn Lesen, Wachen und Gebet zum Stehen[121].

Das Hören der eigenen Stimme erleichtert die Konzentration auf die Worte der Schrift, der Psalmodie oder des Gebetes, ebenso wie – auf eine andere Weise – das Gleiten der Perlen der Gebetsschnur durch die Finger die Aufmerksamkeit wach hält. Wer einen Text auswendig lernen will, wird dies auch heute noch tun, indem er ihn sich selbst laut oder halblaut vorspricht. Denn ist das Beten an sich auch ein rein geistiges Geschehen, so muss der Leib doch seinen Beitrag dazu leisten können. Im Kapitel über die Gebetsgesten wird davon noch ausführlich die Rede sein.

*

Diesen praktischen Nutzen des lauten bzw. halblauten Betens wird der biblische Mensch indessen kaum im Sinn gehabt haben, wenn er „mit seiner Stimme zum Herrn schrie". Sein „lautes Rufen" ist vielmehr der Ausdruck einer *Unmittelbarkeit* der Beziehung, die dem modernen Menschen weitgehend abhanden gekommen ist. Jener Herr, zu dem er ruft, ist ja kein rein abstraktes Prinzip wie der „Gott der Philosophen" und auch nicht der „ferne Gott" der Gnostiker, sondern der *„lebendige Gott"*, der sich aus freien Stücken dem Menschen offenbart, zu ihm spricht und ihn auffordert, sich auch seinerseits an ihn zu wenden.

---

121 Evagrios, *Pr* 15.

Ruf' mich an am Tage der Bedrängnis
und ich reiße dich heraus
und du wirst mich verherrlichen[122].
Denn nahe ist der Herr allen, die ihn anrufen,
allen, die ihn anrufen in Wahrheit[123].

Ganz im Gegensatz nämlich zu den Götzen, die zwar einen Mund haben, aber nicht sprechen können, Augen und doch nicht sehen, Ohren und doch nicht hören ..."[124] Der „nahe Gott" aber „hört die Stimme meines Flehens"[125]. Er allein besitzt auch im wahren Sinn des Wortes ein *„Antlitz"*, das nicht nur eine silberne oder goldene Maske ist, wie bei dem „Gebilde von Menschenhänden". Darum „sucht" der Beter auch dieses „Antlitz Gottes"[126] und bittet ihn, sein „Antlitz über ihm leuchten zu lassen"[127], weil darin sein „Heil" liegt[128].

*

Diese und ähnliche sehr gegenständliche Reden von Gott sind weit mehr als bloß dichterische Metaphern. Je vergeistigter das Gottesbild des Alten Bundes wird, desto „anthropomorpher", menschenförmiger, kann, ja muss paradoxerweise die Rede von Gott werden, soll sich das Gottesbild nicht ins Abstrakte und Unpersönliche verflüchtigen. Die alttestamentlichen Propheten sind für diese scheinbar gegenläu-

---
122 Ps 49, 15.
123 Ps 144, 18.
124 Ps 113, 13 f.
125 Ps 27, 2.
126 Ps 26, 8.
127 Ps 30, 17.
128 Ps 79, 4. 8. 20.

figen Bewegungen das beredteste Beispiel. Ihr Gott ist, wie Johannes sagen wird, im scharfen Gegensatz zu aller heidnischen Verdinglichung des Göttlichen ganz „Geist"[129]. Eben darum können sie es aber auch wagen, von Ihm in unerhört massiv-anthropomorpher Weise zu sprechen.

Mit der Inkarnation des Logos hat dieses *Personsein Gottes*, sein Gegenwärtigsein auch *für uns*, jedes vorstellbare Maß gesprengt. In *Jesus* („Gott ist Rettung")[130] ist ja *„Gott mit uns"* (Emmanuel)[131]. Die Nähe des Vaters in seinem eingeborenen Sohn ist ein Licht, dessen Glanz den Ungläubigen blendet. Nur dem, der an *ihn* glaubt[132] gewährt der Sohn einen Zugang zu seinem „verborgenen Vater" und setzt ihn sogar in den Stand, Ihn ganz vertraut *„Abba –* lieber Vater" zu nennen, wie sonst nur ein Kind seinen leiblich gegenwärtigen Vater anzureden wagt.

Wie sollte da der Gläubige zu diesem absolut *gegenwärtigen Gott* nicht auch mit vernehmlicher Stimme sprechen, namentlich wenn er in seiner „Kammer" mit ihm allein ist oder sich allein wähnt? Denn wenn je, dann muss man sich hier vor jeder Art von Eitelkeit hüten. Bei dem „Gebet", das einem jeden der zwölf Psalmen des Morgen- bzw. Abendoffiziums folgte, verharrten die Mönche daher, wenn sie diese Gebete gemeinschaftlich verrichteten, *„in vollkommenem Schweigen"*, wie Johannes Cassianus aus eigener Anschauung zu berich-

---
[129] Joh 4, 24.
[130] Mt 1, 21.
[131] Mt 1, 23 / Is 7, 14.
[132] Joh 14, 1 u.ö.

ten weiß[133]. Worum es jedoch letztlich geht, lehrt folgender Spruch des Bischofs Epiphanios von Salamis auf Zypern.

Derselbe hat gesagt: „Die Kananäerin schrie und wurde erhört[134], und die Blutflüssige schwieg und ward selig gepriesen[135]. Der Pharisäer rief [mit vernehmlicher Stimme] und wurde verurteilt, während der Zöllner nicht einmal den Mund auftat und erhört wurde"[136].

Nicht darauf, ob wir laut oder schweigend beten, kommt es also letztlich an, sondern ob wir, sei es „gemeinsam mit anderen oder für uns allein", bloß „gewohnheitsmäßig" beten oder vielmehr „mit Empfinden", wie Evagrios sagt[137].

Das Empfinden (aisthêsis) *des Gebetes ist [ein gewisser] Ernst, verbunden mit Ehrfurcht, Zerknirschung und Schmerz der Seele im Bekenntnis der Verfehlungen „mit lautlosen Seufzern"[138].*

*

Zum Schluss soll ein Grund, im Allgemeinen laut zu psalmodieren und unter bestimmten Voraussetzungen auch laut zu beten, nicht unerwähnt bleiben, der dem modernen Menschen zunächst höchst befremdlich erscheinen mag, ehe er

---
133 Cassian, *Inst* II, 8.
134 Mt 15, 21 ff.
135 Mt 9, 20 f.
136 Apophthegma *Epiphanios* 6.
137 Evagrios, *Or* 42.
138 Id. *Or* 43. Zitat Röm 8, 26.

nicht seine Wahrheit persönlich erfahren hat. Nicht nur Gott hört die Stimme des Beters, auch die *Dämonen* hören sie!

> *Frage: Wenn ich bete oder psalmodiere und ich mir wegen meiner Herzenshärte des Sinnes des Gesagten nicht bewusst bin, welchen Nutzen habe ich dann?*
> *Antwort: Wenn du dir (auch des Sinnes) nicht bewusst bist, so sind sich doch die Dämonen seiner bewusst und hören und zittern! Lass' also nicht ab zu psalmodieren und zu beten, und nach und nach wird deine Verhärtung mit Gottes Hilfe gemildert werden*[139].

Zum „Zittern" bringen die Dämonen vor allem jene Psalmverse, in denen von den „Feinden" und ihrer Vernichtung durch den Herrn die Rede ist, z. B. auch all' jene „*Fluch-psalmen*", die dem modernen Empfinden so große Schwierigkeiten bereiten, weil sie mit dem Geist des Evangeliums unvereinbar scheinen. Die Väter, denen sehr wohl bewusst war, „dass der Gerechte nicht flucht, sondern betet"[140], *spiritualisierten* diese Texte ganz spontan und bezogen sie auf die „*Feinde*" des Menschengeschlechtes par excellence, die *Dämonen*. Das verstanden diese sehr wohl und sie fürchteten sich, weshalb sie bisweilen sogar versuchen, den Spieß umzudrehen, wie Evagrios versichert.

„Denn dort verlangten jene, die uns gefangen genommen hatten, von uns Worte von Liedern, und jene, die uns weggeführt hatten: Singt uns etwas von den Liedern Zions!"

---
139 Barsanuphios und Johannes, *Briefe* Nr. 711. Vgl. id. Nr. 429.
140 Evagrios, 7 *in* Ps 108, 9, unter Hinweis auf Röm 12, 14.

Ich selbst habe auch Dämonen kennen gelernt, die uns nötigen, „Psalmen und geistliche Lieder"[141] *zu sagen, in denen sich eben jenes Gebot befindet, das wir – [von ihnen] getäuscht – übertreten haben, um uns, wenn sie es hören, zu verspotten als solche,* „die sagen und nicht tun"[142]. *Deshalb sagt David auch*[143]: „Die Hochmütigen sollen mich nicht verlachen"[144].

Dieselben Gründe, die die Väter dazu veranlassten, in diesem sehr realistisch verstandenen Kampf nicht nur gegen *das* Böse, sondern *den* Bösen laut zu beten und vor allem zu psalmodieren, bestimmten sie indessen auch, unter bestimmten Umständen schweigend zu beten, wie wir nun sehen werden.

*

5. „Schweigen hat seine Zeit und Reden hat seine Zeit"[145]

So gerne die heiligen Väter als Menschen der Antike auch laut oder doch mit vernehmlicher Stimme lasen, psalmodierten, meditierten und oft auch beteten, so wenig war dies eine verpflichtende Regel. Schon Tertullian rät an, stets mit „gedämpfter Stimme" zu beten, da Gott kein „Hörer der Stimmen, sondern der Herzen" sei. Zu lautes Beten störe nur die Nachbarn oder schlimmer noch, komme dem Beten auf

---

141 Kol 3, 16.
142 Mt 23, 3.
143 Das folgende Zitat ist zusammengesetzt aus Ps 118, 122 und Ps 24, 2.
144 Evagrios, 2 *in Ps* 136, 3.
145 Eccl 3, 7.

offener Straße gleich[146], sei also im Grunde nichts weiter als jene eitle Zurschaustellung, die Christus seinen Jüngern doch ausdrücklich untersagt hat[147]. In diesem Sinn äußert sich auch Klemens von Alexandrien.

> *Es ist also das Gebet, um diesen kühnen Ausdruck zu wagen, eine Zwiesprache mit Gott. Wenn wir daher auch nur flüsternd und, selbst ohne die Lippen zu öffnen, schweigend zu ihm sprechen, so rufen wir doch laut zu ihm in unserem Herzen; denn Gott hört ununterbrochen die innere Stimme unseres Herzens[148].*

Diese Stimme des Herzens hört in der Tat *allein* Gott, da er, „der allein das Herz geformt hat", auch allein ein „*Herzenskenner*" ist[149]. Die Dämonen hingegen, die aus diesem Grund „keine Herzenskenner sind"[150], haben keinen unmittelbaren Zugang zu unserem „Herzen", dem symbolischen Zentrum unserer Person. Unsere leibliche Stimme hingegen hören nicht nur die Mitmenschen, sondern auch die Dämonen, wie wir sahen. Vor ihnen gilt es daher den Inhalt unserer vertrauten Herzenszwiesprache mit Gott sorgfältig zu verbergen.

> *Wir beten „im Verborgenen", wenn wir nur im Herzen und mit achtsamem Geist Gott allein unsere Bitten eröffnen, dergestalt, dass nicht einmal die feindlichen Mächte die Art unserer Bitte zu erkennen vermögen.*

---

146 Tertullian, *De Oratione* 17.
147 Mt 6, 5 ff.
148 Klemens von Alexandrien, *Stromateis* VII, 39, 6.
149 Evagrios, 10 *in Ps* 32, 15, vgl. Apg 1, 24.
150 Evagrios, 4 *in Ps* 55, 7.

Deshalb soll man in größtem Schweigen beten, nicht nur, um die uns umstehenden Brüder nicht durch unser Flüstern und Rufen zu zerstreuen und die Empfindungen der Betenden zu stören, sondern damit unseren Feinden selbst, die uns vor allem beim Gebet auflauern, die Absicht unserer Bitte verborgen bleibe. So erfüllen wir nämlich jenes Gebot: „Vor der, die an deinem Busen schläft, behüte das Schloss deines Mundes!"[151]

Was die Widersacher hingegen ruhig hören sollen, sind hingegen all' jene Worte der vom Heiligen Geist inspirierten Psalmen, die allenthalben ihre *Vernichtung* ankündigen. Das wird sie erschrecken und in die Flucht jagen. Das ist es, was Evagrios im Sinn hat, wenn er rät:

Bete nicht, wenn du versucht wirst, ehe du nicht ein paar Worte mit Zorn wider den dich bedrängenden [Dämon] gesagt hast. Denn da deine Seele von den [unreinen] Gedanken befallen ist, geschieht es, dass auch dein Gebet nicht rein dargebracht wird. Wenn du jedoch voll Wut etwas wider sie sagst, vereitelst und vernichtest du die gedanklichen Erstellungen der Widersacher. Dies pflegt nämlich die Wut selbst bei den guten gedanklichen Erstellungen zu bewirken[152].

Der Inhalt unserer vertrauten Zwiesprache mit Gott hingegen soll den Dämonen verborgen bleiben, damit sie ihr nicht das Gift ihrer *Versuchungen* einzuträufeln vermögen, etwa

---
151 Cassian, *Conl* IX, 35. Zitat Micha 7, 5 (Vulgata).
152 Evagrios, *Pr* 42.

Anwandlungen der *Eitelkeit* ob der (vermeintlichen) Eleganz unserer Rede.

*

Lautes Beten stört indessen nicht nur die Nachbarn, sondern u. U. auch *den Beter selbst*. Anstatt die Sammlung zu fördern, kann es sie auch behindern. Doch nicht nur die eigene Stimme kann störend sein, das wäre ja noch das geringste Übel. Als viel störender und hinderlicher erweisen sich mit der Zeit die eigenen *Worte* und *Gedanken*, deren wir uns beim Gebet notwendigerweise bedienen. Obwohl wir damit unser eigentliches Thema überschreiten, soll hier doch kurz auch von jenem *Schweigen des Herzens* die Rede sein, auf das all' unser Tun letztlich abzielt.

Evagrios greift in seiner Schrift *Über das Gebet* die schöne Definition des Gebetes durch Klemens von Alexandrien auf und vertieft sie auf seine Weise. Das Gebet ist nach Klemens eine „Zwiesprache (*homilia*) mit Gott". Evagrios fügt hinzu: *„eine Zwiesprache des Intellektes mit Gott ohne jegliche Vermittlung"*[153]. Dieses „wahre Gebet" ist also ein *unmittelbares* Geschehen, oder wie wir heute sagen würden, eine *„personale" Begegnung zwischen Gott und Mensch*.

Dieser ersehnten Unmittelbarkeit stehen jedoch nicht nur unsere Stimme und unsere Worte hinderlich im Wege, sondern auch und vor allem unsere „gedanklichen Vorstellungen"

---

[153] Evagrios, *Or* 3.

(*noêmata*), jene „Abdrücke" und „Ebenbilder", die die materiellen Dinge dieser Welt, aus der wir sie abgeleitet haben, in unserem Geist notwendigerweise hinterlassen. Denn sie sind ja allesamt eine „Vermittlung" zwischen uns und Gott.

Dies gilt keineswegs nur für die leidenschaftlichen, sündhaften „Gedanken"[154], sondern überhaupt für *alle* Gedanken von und über Geschöpfliches, ja selbst von Gedanken über Gott, und seien diese Gedanken noch so sublim. Denn all' diesen „gedanklichen Vorstellungen" ist gemein, dass sie den Menschen bei sich selbst *festhalten*[155], auch wenn der „Gedanke an Gott" an sich in unserem Geist keine „Abdrücke" und „Bilder" hinterlässt, da Gott ja kein körperliches Wesen ist[156].

Mit einem Wort, der Mensch muss „*sich aller gedanklichen Vorstellungen entledigen*"[157], wenn er „*wahrhaft* beten" will. Dieser „Entzug" (*sterêsis*) ist ein schrittweiser Vorgang, der dem Aufstieg des geistlichen Lebens entspricht, und er ist durch keine irgendwie geartete „Technik" zu bewerkstelligen, wie man sie bei manchen nichtchristlichen Methoden der „Meditation" antrifft.

Der Mensch hat zwar seinen Anteil daran, doch vermag er dieses „Überschreiten" nicht aus eigener Kraft zu vollenden, da das Ziel, Gott, ja sich in absoluter *Freiheit* dem Menschen zuneigende „Person" ist[158]. „Erleuchtung" ist in der christ-

---

154 Vgl. Evagrios, *Or* 55.
155 Id. *Or* 56-58.
156 Evagrios, 1 *in Ps* 140, 2.
157 Evagrios, *Sk* 2.
158 Vgl. Evagrios, *Ep* 39, 3.

lichen Mystik stets freie, unverfügbare *Selbstoffenbarung* des dreifaltig-einen Gottes, wie folgende Definition des „wahren" oder „kontemplativen" Gebetes lehrt.

> *Das Gebet ist ein Zustand des Intellektes, der einzig unter (dem Einfluss) des Lichtes der Heiligen Dreifaltigkeit zustande kommt*[159].

Über dieses „Licht der Heiligen Dreifaltigkeit", Symbol der unmittelbaren *Erkenntnis* des dreifaltig-einen Gottes, hat der Mensch keinerlei Verfügung. Evagrios betont mehrfach, dass die Personen der Heiligen Dreifaltigkeit „erscheinen", sich uns „manifestieren" usw., womit deutlich wird, dass die Initiative allein bei Gott liegt.

> *Der Intellekt schaut den „Ort Gottes"*[160] *in sich selbst nicht, wenn er nicht über alle Gedanken an die Dinge hinausgelangt. Er gelangt indessen nicht darüber hinaus, wenn er nicht die Leidenschaften ablegt, die ihn durch die Gedanken an die sinnlichen Dinge fesseln. Die Leidenschaften nun wird er durch die Tugenden ablegen, die bloßen Gedanken*[161] *hingegen durch die geistliche Kontemplation, und diese wiederum, wenn ihm jenes Licht aufleuchtet, das zur Zeit des Gebetes den „Ort Gottes" darstellt*[162].

---

159 Evagrios, *Sk* 27. Vgl. G. Bunge, Geistgebet, Kapitel IV: Der „Zustand des Intellektes".
160 Vgl. Ex 24, 10 (der Ort, wo die Füße Gottes standen).
161 Gemeint sind die reinen Erkenntnisinhalte, die den Intellekt weder „prägen" noch „formen", vgl. *M.c.* 41, 1-3.
162 Evagrios, *M.c.* 40.

Der geschaffene Geist erblickt dieses „Licht der Heiligen Dreifaltigkeit" also nicht außerhalb seiner selbst, sondern *„in sich selbst"*, wie es ausdrücklich heißt, da er ja selbst dieser „Ort" der personalen Gegenwart Gottes ist[163]. Er ist dank seiner Erschaffung „nach dem Bilde Gottes" gleichsam ein intelligibler *„Spiegel"*[164], in dem das göttliche Licht aufscheint, wann immer es Gott beliebt. Dies mit einer „Technik" bewirken zu wollen, bedeutete ein „Imitat" (*anatypôsis*) des wahren Gebetes zu produzieren, durch das man Gott nicht näher kommt, sondern vielmehr erzürnt[165].

*

Wird einem Menschen die seltene Gnade zuteil, den geheimnisvollen „Ort des Gebetes"[166] zu betreten, dann gilt es, das eigene Tun diesem absolut Neuen anzupassen. Ja, er tut dies eigentlich ganz spontan, wie Diadochos von Photike lehrt.

> *Wenn sich die Seele in der Fülle ihrer natürlichen Früchte befindet, dann verrichtet sie auch mit stärkerer Stimme die Psalmodie und begehrt, vor allem laut zu beten. Wenn sie jedoch unter der Wirkung des Heiligen Geistes steht, dann psalmodiert sie ganz gelinde und lieblich und betet allein im Herzen.*

---

163 Evagrios, *Sk* 2 und 4.
164 Vgl. Evagrios, *KG* II, 1.
165 Evagrios, *Or* 146.
166 Evagrios, *Or* 57 u. ö.

Dem ersten Zustand folgt eine mit bildlichen Vorstellungen verbundene Freude, dem zweiten hingegen geistliche Tränen und darauf eine gewisse, das Schweigen liebende Herzensfreude. Denn das Gedenken [Gottes], das durch die Mäßigung der Stimme seine Wärme bewahrt, befähigt das Herz dazu, tränenreiche und ganz milde Gedanken zu tragen[167].

Die Meister des geistlichen Lebens warnen ausdrücklich davor, diese „Heimsuchung des Heiligen Geistes"[168] dadurch zu zerstören, dass man sich auch jetzt noch hartnäckig an das eigene Tun, die eigene einmal angenommene „Regel" klammert. In diesem Augenblick gilt nur das Gesetz der „Freiheit der Kinder Gottes", wie der ostsyrische Mystiker Jausep Hazzaya lehrt.

Schließe alle Türen deiner Zelle, betritt den inneren Raum und setze dich in der Dunkelheit hin in die Abgeschiedenheit, da, wo du nicht einmal die Stimme eines Vogels hörst. Und wenn die Stunde eines Offiziums kommt, sieh zu, steh' ja nicht auf, dass du nicht etwa wie ein Kind seiest, das in seiner Unwissenheit ein Talent Gold gegen eine Feige vertauscht, die seinen Gaumen [bloß] für einen Augenblick versüßt. Sondern vertausche, wie ein kluger Kaufmann, zur Zeit, da du der „Perle von großem Preis" begegnet bist, diese nicht gegen verächtliche Dinge, die

---

167 Diadochos von Photike, c. LXXIII (ed. des Places).
168 Evagrios, *Or* 70.

sich allzeit vor dir finden, und dein Ende [etwa] wie das jenes Volkes werde, das aus Ägypten auszog, das die Speise des geistlichen Manna verschmähte und die abscheuliche Speise der Ägypter begehrte[169].

Diese Freiheit selbst von dem für die Mönche ansonsten ja absolut verpflichtenden Offizium gilt so lange, wie dieses göttliche „Licht, das den Intellekt zur Zeit des Gebetes umstrahlt"[170], gegenwärtig ist. Sobald der Beter diesen „Ort" verlässt, verlassen muss, weil der Heilige Geist sich zurückzieht, kehrt auch er in aller Demut und Treue wieder zu seinem üblichen Tun zurück[171].

*

Doch nicht nur die Lippen haben am „Ort des Gebetes" zu schweigen! „Schweigende Anbetung des Unsagbaren"[172] bedeutet auch und vor allem Schweigen des „Herzens", wie wir eben sahen, *Schweigen aller Gedanken über Gott* also.

Paradoxerweise ist jedoch dieses anbetende Schweigen nicht das Letzte, wie eben jener ostsyrische Vater lehrt, den wir oben zitierten. Denn führt der Heilige Geist den Menschen weiter in das „Licht der Heiligen Dreifaltigkeit" hinein, dann bricht in ihm schließlich eine Quelle geheimnisvollen „Redens" auf, die Tag und Nacht nicht mehr versiegt[173]. Diese

---

[169] Jausep Hazzaya, *Briefe* S. 153. Verweis auf Num 11, 5-6.
[170] Evagrios, *M.c.* 30, 16 f.
[171] Jausep Hazzaya, *Briefe* S. 159.
[172] Evagrios, *Gn* 41.
[173] Jausep Hazzaya, *Briefe* S. 156 ff.

staunenswerte Erfahrung beschreibt Evagrios mit folgenden Worten:

> Wer „in Geist und Wahrheit betet"[174], *der ehrt den Schöpfer nicht mehr aus den Geschöpfen, sondern preist [Gott] hymnisch aus ihm selbst*[175].

Dies ist nun endlich jene „Zwiesprache mit Gott *ohne jegliche Vermittlung*", von der oben die Rede war. Denn die Geschöpfe, und mögen sie noch so erhaben sein, sind ja immer noch ein Vermittelndes zwischen uns und Gott. „Geist und Wahrheit" aber, d. h. nach evagrianischer Deutung von Joh 4, 23 die Personen des Heiligen Geistes und des eingeborenen Sohnes[176], sind keine Geschöpfe, sondern „*Gott aus Gott*", wie das Credo des zweiten ökumenischen Konzils (381) lehrt.

Der durch das „wahre" und „geistliche" Gebet im eigentlichen Sinn des Wortes nun zum „*Theologen*" gewordene Beter[177] lobpreist also auf der höchsten Stufe des Gebetes den *Vater* „ohne jegliche Vermittlung" – weder eines Geschöpfes noch einer gedanklichen Vorstellung oder Kontemplation – *unmittelbar durch den Geist und den Sohn*! Er ist zum „Theologen" geworden, weil er nun nicht mehr über Gott vom Hörensagen her redet, sondern von der Heiligen Dreifaltigkeit aufgrund inniger Vertrautheit Zeugnis ablegt[178].

---

174 Joh 4, 23. Gemeint ist, wie *Or* 59 lehrt, die „wahre Anbetung des Vaters in seinem Heiligen Geist und seinem eingeborenen Sohn"!
175 Evagrios, *Or* 60.
176 Evagrios, *Or* 59.
177 Evagrios, *Or* 60.
178 Evagrios, *Mn* 120.

Wenn das „ewige Leben" darin besteht, dass wir *„den Vater erkennen und den, den Er gesandt hat, Jesus Christus"*[179], seinen eingeborenen Sohn, dann ist das „Gebet in Geist und Wahrheit" ein wahrhaftiger Vorgeschmack dieser eschatologischen Beseligung.

* * *

---

179 Joh 17, 3.

Kapitel IV

Gebetsgesten

Kapitel IV
Gebetsgesten

Man hört heute oft den Vorwurf, das – sowieso „leibfeindliche" – Christentum messe dem Körper im geistlichen Leben eine viel zu geringe Bedeutung bei. Man vermisst all' jene ausgefeilten „Methoden" wie das Sitzen und die Kontrolle des Atmens etwa, die für die ostasiatischen Religionen so charakteristisch sind. Man sehnt sich danach, von einer „Verkopfung" des geistlichen Lebens wegzukommen und auch „mit dem Körper zu beten".

Der Vorwurf beruht zum einen Teil auf einem Missverständnis, da er voraussetzt, dass die christlichen „Methoden" unbedingt von derselben Art wie die der nichtchristlichen Religionen sein müssten, zum anderen Teil auf bloßer Unkenntnis. *„Ich staunte..., was die Alten alles schon wussten, und wunderte mich, wie viel die Nachfahren davon vergaßen"* – dieser Ausruf, der F. J. Dölger bei der Lektüre eines Buches vom Anfang des 17. Jahrhunderts entschlüpfte[1], legt den Finger auf eine offene Wunde des abendländischen Christentums: *das schrittweise Vergessen all' dessen, was die heiligen Väter einmal gewusst und praktiziert haben.* Denn unser geistliches Leben ist keineswegs immer so arm an Gebetsgesten und dergleichen gewesen, wie dies heute leider der Fall ist. All' jene Gesten etwa, die der ostsyrische Mystiker Joseph Bousnaya († 979) einmal

---

1 F. J. Dölger, Beiträge zur Geschichte des Kreuzzeichens I, JbAC 1 (1958), S. 5.

aufzählt und die wir in der Folge ausführlich behandeln werden, waren ehedem ein Ost und West gemeinsames Gut.

> *Die Verneigungen, das Ausstrecken [der Hände] während des Offiziums, die anhaltenden Kniebeugen im Gebet, verleihen dem Mönch während des beständigen Stehens des Offiziums in der Gegenwart Gottes Verdemütigung des Geistes und Erniedrigung, Wärme des Herzens, Reinigung des Leibes, Glut der Seele und Eifer der Gedanken. Denn ohne Prostrationen, Verneigungen, Ausstrecken der Hände und Kniebeugen ist das Offizium des Bruders gewöhnlich, kalt und schal, ebenso wie die Gebete während desselben. Widme dich also diesen Dingen, mein Sohn, mit all' deiner Kraft, energisch, [vor Eifer] glühend und mutig, damit deine Opfergabe Gott angenehm sei*[2].

Den Liturgiewissenschaftlern ist wohlbekannt, dass diese Worte auch von einem mittelalterlichen westlichen Autor stammen könnten. Es sei nur an die „Neun Gebetsweisen des heiligen Dominikus" erinnert. Auf einer bebilderten Handschrift erkennt man u. a. die Gesten der tiefen Verneigung, der Prostration (*venia*), der Kniebeuge, des Stehens, des Betens mit kreuzförmig ausgebreiteten Händen, der sitzenden Meditation – all dies stets angesichts des an der Ostwand der Zelle aufgerichteten Kruzifixes.

Aus verschiedenen Gründen ist dieser ganze Reichtum körperlicher Ausdrucksform seit der Jahrtausendwende Stück

---

2 J.-B. Chabot, „Vie du moine Youssef Bousnaya", ROC IV (1899), S. 411.

für Stück verloren gegangen, bis in der Neuzeit nur noch das Knien übrig blieb. Bis in die Gegenwart knieten ja die Gläubigen sowohl während des gemeinschaftlichen Gottesdienstes als auch im privaten Gebet mit Vorliebe auf eigens dafür geschaffenen Kniebänken. In jüngster Zeit sind jedoch aus vielen Kirchen sogar diese Kniebänke verschwunden und damit auch das Knien im Gebet.

Sehen wir also zu, was die „ursprüngliche, ungeschriebene Überlieferung" der Kirche uns an Gebetsgesten bereithält, und in welchem Geist die heiligen Väter sich ihrer bedienten!

*

1. „Steht auf und betet!"[3]

Der moderne westliche Mensch ist, so sehr er ansonsten Sport und jede Art von Bewegung hochschätzt, im geistlichen Leben zu einem *sitzenden Wesen* geworden. Nicht nur im gemeinschaftlichen Gottesdienst sitzt er die meiste Zeit, auch die private „Meditation" verbringt er, bequem und entspannt auf einem Kissen oder einem kleinen Hocker, in sitzender Haltung.

Wie verschieden davon ist die charakteristische Gebetshaltung des biblischen Menschen und auch die der Väter! Nicht

---
[3] Lk 22, 46.

das bequeme Sitzen, sondern das eher anstrengende *Stehen* kennzeichnet den Beter. Er „steht im Hause des Herrn, in den Höfen des Hauses unseres Gottes"[4] und „an seinem heiligen Ort"[5], sei er nun ein selbstgerechter Pharisäer oder ein reuiger Zöllner, der es kaum wagt, von ferne dazustehen[6].

Ganz selbstverständlich fordert daher auch Christus seine Jünger auf: *„Steht auf und betet.*"[7] Oder er warnt sie davor, sich im Gebet wie die Heuchler „an die Ecken der Plätze hinzustellen, um von den Leuten gesehen zu werden"[8]. Entsprechend heißt es auch Mk 11, 25 nicht, wie man bisweilen lesen kann, ganz allgemein: „Wenn ihr betet", sondern sehr bestimmt: „Wenn ihr steht und betet" (oder: Wenn ihr im Gebet dasteht).

*

Die frühe Kirche hat die biblische und apostolische Tradition ohne Bruch übernommen. *„Nach dem Mahl soll man sich zum Gebet erheben"*, heißt es in der „Apostolischen Tradition" des Hippolyt von Rom (Anfang des 3. Jahrhunderts)[9]. Es handelt sich hier um das *gemeinsame Beten* nach dem mit der Feier der Eucharistie verbundenen Sättigungsmahl, bei dem die Christen ja auch heute normalerweise noch aufstehen. Beim *persönlichen Gebet* hielten es die Väter und die großen Meister des geistlichen Lebens jedoch nicht anders.

---
4 Ps 133, 1. Vgl. Ps 134, 2.
5 Ps 23, 3.
6 Lk 18, 11. 13.
7 Lk 22, 46.
8 Mt 6, 5.
9 *Traditio Apostolica*, c. 25 (Übersetzung W. Geerlings).

> *Ferner sagte man [von Abba Arsenios], dass er am Samstag Abend, bei Anbruch des Herrentages, die Sonne hinter sich ließ und die Hände im Gebet zum Himmel ausstreckte, bis die Sonne ihm wieder ins Angesicht schien. Dann setzte er sich hin*[10].

Arsenios der Große, ein hoher Beamter und Prinzenerzieher am byzantinischen Hof, ehe er zu einem strengen Asketen in der ägyptischen Wüste wurde, war übrigens der Ansicht, für einen Mönch genüge, wenn er ein guter Kämpfer sei, eine Stunde Schlaf...[11] Im oben zitierten Text handelt es sich wohlgemerkt um die *Nacht vor dem Herrentag*, den die Mönche – wie die frühen Christen ursprünglich allgemein – mit Wachen und Beten im *Harren auf die Wiederkunft Christi* zu verbringen pflegten[12].

Das Stehen im Gebet ist jedoch allgemeine Praxis. Antonios der Große lernt von einem Engel, wie ein Mönch dem *Überdruss* entgeht, der ihn infolge seines Lebens in der ständigen Abgeschiedenheit seines Kellions überfallen hat. Er *arbeitet sitzend* und erhebt sich in regelmäßigen Abständen, um *stehend zu beten*[13]. Die Beispiele ließen sich beliebig vermehren; eines mag hier genügen.

> *Einst wurde Abraham, der Schüler des Abba Sisoes, von einem Dämon versucht, und der Altvater sah, dass er zu Fall kam. Da stand er auf, breitete die Hände zum Him-*

---

10 Apophthegma *Arsenios* 30.
11 Apophthegma *Arsenios* 15.
12 Vgl. Didache 10, 6!
13 Apophthegma *Antonios* 1.

mel aus und sprach: „O Gott, ob du willst oder nicht, ich lasse dich nicht, bis du ihn geheilt hast!" Und sofort wurde er geheilt[14].

*

Der allgemeine Brauch, zum Gebet aufzustehen, bedeutet natürlich nicht, dass man *nur* stehend beten durfte.

> *Dies [Stehen im Gebet] aber muss, wie wir betonen, ohne weiteres dann geschehen, wenn keine [besonderen] Umstände vorliegen; denn unter Umständen ist es gestattet, einmal auch im Sitzen in geziemender Weise zu beten, wenn man an einer nicht unerheblichen Fußkrankheit leidet, oder auch im Liegen wegen Fieber oder ähnlichen Krankheiten; ferner ist es wegen besonderer Umstände, zum Beispiel wenn wir zu Schiff fahren, oder wenn die Verhältnisse es nicht erlauben, dass wir uns zurückziehen und das schuldige Gebet verrichten – dann ist es statthaft zu beten, auch ohne dass wir uns [äußerlich] den Anschein davon geben*[15].

Diese dem gesunden Menschenverstand selbstverständlichen Ausnahmen bestätigen aber nur die allgemeine Regel: Wer zu Gott beten will, tut dies normalerweise stehend. Nicht anders dachten die Meister des geistlichen Lebens, von denen man vielleicht erwarten würde, dass sie sich besonderer „Methoden" bedienten, die nicht allgemein üblich oder bekannt wa-

---

14 Apophthegma *Sisoes* 12.
15 Origenes, *De Oratione* XXXI, 2.

ren. Die einzige Körperhaltung, die etwa Evagrios in seinen berühmten *153 Kapiteln über das Gebet* überhaupt zu kennen scheint, ist das „Stehen im Gebet"[16]. All' jene erstaunlichen Dinge, deren der Mönch „zur Zeit des Gebetes" teilhaftig wird, der „Zustand des Gebetes" (*katastasis proseuchês*) selbst, ereignen sich, wenn er sich „zum Gebet hinstellt". Diese Tatsache wirkt bis in die evagrianische „Mystik" des Gebetes hinein, ist doch das Ziel aller Bemühungen des Mönchs, den von Natur aus höchst beweglichen Intellekt „*zum Stehen*" zu bringen[17].

> *Ein Gefesselter vermag nicht zu laufen, noch ein den Leidenschaften versklavter Intellekt den Ort des geistlichen Gebetes zu sehen. Er wird nämlich von den leidenschaftlichen Gedanken weggeschleppt und hat keinen unbewegten Stand*[18].

Diese „leidenschaftlichen Gedanken" machen nämlich den ersehnten „Zustand des Gebetes" zunichte[19] und hindern so den Beter, „*sich unverwandt zu seinem Herrn hin auszustrecken und mit Ihm ohne jegliche Vermittlung Zwiesprache zu halten*"[20].

*

---

16 Evagrios, *Or* 9. 10. 29. 41. 45. 49. 105. 153.
17 Evagrios, *Pr* 15.
18 Id. *Or* 72.
19 Id. *Or* 27.
20 Id. *Or* 3.

Die Frage stellt sich also: Warum wohl betet der biblische Mensch stehend, warum stehen auch die Väter in aller Regel zum Gebet auf? Die Frage ist nicht unberechtigt, *kniet* doch der westliche Mensch heute oft nicht einmal mehr im Gebet, sondern nimmt bewusst eine möglichst entspannte, bequeme Haltung ein, während der orthodoxe Christ auch heute noch – im gemeinschaftlichen Gottesdienst ebenso wie im privaten Gebet – mit Vorliebe stehend betet. Die Väter haben sich auch darüber schon früh Gedanken gemacht.

> *Auch darf man nicht daran zweifeln, dass von den zahllosen Stellungen* (katastaseis,) *des Körpers die Stellung mit ausgestreckten Händen und empor gerichteten Augen allen [anderen] vorzuziehen ist, da man dann gleichsam das Abbild* (eikôn) *der besonderen Beschaffenheit, die der Seele während des Gebetes geziemt, auch am Körper trägt*[21].

Diese Bemerkung des Origenes ist von grundlegender Bedeutung und betrifft alle Weisen und Gesten christlichen Betens, von denen er ja mehrere erwähnt. Zwischen der „*besonderen Beschaffenheit*" der Seele während des Gebetes und der *Haltung des Körpers*, die wir dabei einnehmen, muss eine *vollkommene Entsprechung* bestehen. Was Tertullian über die Sakramente sagt, über die Beziehung zwischen leiblich-sichtbarer Handlung und geistig-unsichtbarer Gnadenwirkung, lässt sich auch auf das Gebet und seine Gesten übertragen.

---

21 Origenes, *De Oratione* XXXI, 2.

Der Leib wird abgewaschen, damit die Seele von ihren Makeln befreit wird; der Leib wird gesalbt, damit auch die Seele geweiht werde; der Leib wird [mit dem Kreuz] gezeichnet, damit auch die Seele gefestigt werde...[22]

Wie die sakramentalen Handlungen, müssen auch die Gebetsweisen und -gesten *sinnvoll* sein, d. h. es muss *im Leib abbildhaft sichtbar werden, was in der Seele geschieht.* Nach biblischem Verständnis ist nun das Stehen im Gebet zunächst der leibliche Ausdruck für die tiefe *Ehrfurcht* des Geschöpfs vor der erhabenen Majestät seines Schöpfers, vor dem selbst die Engel stehen[23]. Denn der Geringere steht vor dem Höheren auf und bleibt stehen, solange dieser anwesend ist. So steht etwa Abraham vor Gott, während dieser mit ihm spricht, wohl wissend, dass er nur „Staub und Asche" ist[24].

Die äußere Haltung bringt jedoch nicht nur die innere Haltung leibhaftig zum Ausdruck, sie *wirkt auch auf diese unmittelbar zurück*. Wer lange ehrfürchtig im Gebet vor Gott steht, dessen Ehrfurcht wächst im gleichen Maß. Denn ohne die Mühe des Stehens – und der anderen Gebetsgesten, von denen noch die Rede sein wird – erlangt unser Gebet nie die gebührende Glut, sagte Joseph Bousnaya, sondern es bleibt „gewöhnlich, kalt und schal".

Es besteht also eine eigentümliche *Wechselbeziehung* zwischen innerer Verfassung und äußerer Haltung. Es ist die „besondere

---

22 Tertullian, *De Carnis Resurrectione* 8 (ed. Borleffs).
23 Lk 1, 19.
24 Gen 18, 27. Vgl. Gen 18, 22.

Beschaffenheit" der Seele, die sich in der leiblichen Haltung gleichsam eine ihr gemäße „Ikone" schafft, der sie also stets vorausgeht, wie Origenes im selben Zusammenhang sagt. Besteht jedoch einmal ein solches Abbild, ist eine entsprechende Geste im Laufe der Heilsgeschichte geformt und zur „Tradition" geworden, dann kann der Einzelne nicht ohne Schaden für die „innere Beschaffenheit" auf sie verzichten. Indem er sie sich vielmehr zu Eigen macht und mit Eifer „praktiziert", formt und stärkt er in sich eben jene innere Haltung, die die Geste einst geschaffen hat, wie Joseph Bousnaya lehrt.

*

In einer Zeit, da das Eingehen der biblischen Botschaft in die verschiedenen Kulturen der Menschheit, das ja an sich ein ganz natürliches Geschehen ist, mit besonderem Nachdruck gefördert wird, dürfte die offenbar überzeitliche Bedeutung, die jenen äußeren Aspekten des Gebetes zugesprochen wird, bei manchen Befremden auslösen. Die Väter sahen hier indessen offensichtlich kein Problem. Die Zeugnisse, die sich beliebig vermehren ließen, entstammen verschiedenen Epochen und den unterschiedlichsten Kulturräumen. Kulturell bedingte Unterschiede der Sensibilität scheinen weder für den Lateiner Tertullian noch den Ostsyrer Joseph Bousnaya irgendwie von Bedeutung gewesen zu sein.

Sosehr die Väter nämlich bereit waren, an Bestehendes anzuknüpfen bzw. ihm eine christliche Deutung zu geben, sowenig waren sie bereit, auf jenes Besondere, das mit der Offenbarung in die Menschheitsgeschichte eingetreten ist, zu verzichten. Denn in Christus gibt es „weder Hellene noch Jude, weder Barbar noch Skythe"[25], womit alle kulturellen Schranken niedergelegt werden.

Im Konfliktfall wird die biblische Überlieferung daher auch furchtlos zur *Kulturkritik*. So will etwa der Rigorist Tertullian die heidnische, auch unter Christen verbreitete Sitte, sich nach dem Gebet *hinzusetzen*, durchaus nicht gelten lassen. Der Christ hat eben nicht nur ein anderes Gottesbild, er betet auch zu einem anderen, dem allein wahren Gott.

> *Denn eine Unehrerbietigkeit ist es denn doch, sich vor dem Angesicht dessen zu setzen, den man vor allen fürchtet und ehrt, um wie viel mehr ist vor dem Angesicht des lebendigen Gottes und wenn der Gebetsengel noch dasteht*[26]*, eine solche Handlungsweise höchst religionswidrig. Es müsste denn sein, dass wir Gott in der Weise eines Vorwurfs zu verstehen geben wollten, dass uns das Gebet müde gemacht hat!*[27]

*

Für den Christen bedeutet das ehrfürchtige Stehen vor Gott im Gebet, dass er sich bewusst ist, in der *Person* Gottes ein wirkliches *Gegenüber* von höchster Gegenwärtigkeit zu haben.

---

25 Kol 3, 11.
26 Gemeint ist wohl jener Engel, der unser „Gebetopfer vor den Heiligen bringt", vgl. Tob 12, 12. Auch 1 Kor 11, 10 dürfte auf diesen Gedanken anspielen. Da jeder seinen eigenen Schutzengel hat, spricht Origenes auch von den Engelmächten neben den Massen der Gläubigen, die im Gebet vereint sind, vgl. *De Oratione* XXXI, 5.
27 Tertullian, *De Oratione* 16.

Denn nur vor dem *„lebendigen Gott"* kann man in Ehrfurcht stehen, und man kann dies nur, wenn man sich bewusst ist, auch selbst „Person" zu sein. Der Christ weiß aus der Offenbarung, dass er von Gott *auf ihn hin* (Augustinus) geschaffene Person ist, eine Wahrheit, der er indessen nur in der *Begegnung mit der absoluten Person Gottes* innewerden kann, ein Geschehen, das sein Begreifen auf immer übersteigt.

Wo dieses offenbarte Wissen um das Personsein Gottes nicht vorhanden ist, wie im Heidentum, wo die Götter nie mehr als Personifikationen des apersonalen Göttlichen sind, und damit auch das Wissen um das eigene Personsein fehlt, nimmt der Mensch von ganz allein eine andere Haltung ein. Dem apersonalen „Absoluten" kann man sich nicht zuwenden, man steht vor ihm nicht in Ehrfrucht und erhebt nicht die Augen und die Hände zu ihm. Ja man richtet auch kein Gebet an das, was kein Gegenüber ist, sondern versenkt sich allenfalls in das Alleine.

Wo das ehemals vorhandene Wissen um das Personsein Gottes und das eigene, auf Ihn verwiesene Personsein schwindet oder sich in einem Gefühl falscher „Innerlichkeit" verflüchtigt, wandelt sich unmerklich auch das äußere Verhalten, wie wir es namentlich im westlichen Christentum beobachten können. Dann nun macht man es sich ganz spontan möglichst bequem, wenn man sich dem „Göttlichen" widmet. Wie weit wir hier heute oft von dem *Geist der Schrift und der Väter* entfernt sind, mag wieder ein Text des Mystikers Evagrios verdeutlichen.

Wenn du dich im Gebet hinstellst vor Gott, den Allherrscher und Schöpfer, dessen Vorsehung alles umfasst, was denn in aller Welt stellst du dich so unvernünftig vor Ihn hin, dass du seine alles überragende Furcht übergehst und vor Mücken und Käfern erschrickst? Oder hast du nicht das Wort gehört: „Den Herrn, deinen Gott, sollst du fürchten"[28]*, und wiederum*[29]: „Ihn, vor dessen machtvollem Antlitz alles erschauert und zittert" *usw.?*[30]

Von diesem ehrfürchtigen Stehen vor Gott darf sich der Beter durch absolut nichts abbringen lassen, weder durch Erscheinungen der Dämonen, die nichts weiter sind als lästige „Mücken und Käfer"[31], noch auch durch das Bewusstsein der eigenen Schwäche und Sündhaftigkeit. Denn die Widersacher bedienen sich selbst derjenigen bösen Gedanken, etwa jener der Lästerung, die sie uns zuvor eingeflüstert haben,

um uns vom Gebet abzubringen, damit wir nicht mehr vor dem Herrn stünden noch es wagten, die Hände zu dem auszustrecken, wider den wir Derartiges im Sinn gehabt haben[32].

*

---

28 Dt 6, 13.
29 Vgl. Oratio Manassis 4 (LXX).
30 Evagrios, *Or* 100.
31 Als solche betrachteten sie in der Tat die Väter, vgl. Apophthegma *Makarios der Große* 33 (wie Fliegen), *Am* 174, 9 (kleine Tiere, Mücken und anderes Gezücht).
32 Evagrios, *Pr* 46, vgl. Or 90.

2. „Das Erheben meiner Hände sei dir ein Abendopfer"[33]

Die Grundhaltung des biblischen Beters ist, wie wir sahen, das Stehen vor Gott. Doch standen die Väter nicht einfach so da, sie erhoben vielmehr dabei auch ihre Hände zum Himmel. Die frühen Christen müssen diese Geste des Betens mit ausgestreckten Händen (*manibus extensis*), als für sich selbst so charakteristisch empfunden haben, dass sie sich mit Vorliebe als *Oranten* darstellen ließen, wie zahllose Zeugnisse der frühchristlichen Ikonographie bezeugen. Da es sich hier indessen um eine weit verbreitete, also keineswegs ausschließlich christliche Gebärde handelte, werden wir zu fragen haben, welchen besonderen Sinn ihr die Christen beimaßen.

*

Während sich der Heide – und auch der Abtrünnige – vor dem Götzenbild anbetend niederwirft[34] und zu diesem „fremden Gott" auch seine Hände erhebt[35], vergeblich, da ihm doch dieses stumme Gebilde seiner eigenen Hände noch weniger zu helfen vermag als ein anderer Mensch, erhebt der Gläubige seine Hände allein *„im Namen Gottes"*[36], der „Himmel und Erde erschaffen hat", und der alles zu tun vermag, was er will[37]. Dies tut er vornehmlich auch „des Nachts", wenn er in

---
33 Ps 140, 2.
34 Ps 96, 7; 105, 19.
35 Vgl. Ps 43, 21.
36 Ps 62, 5.
37 Ps 113, 11 f.

seiner „Bedrängnis zu Gott schreit"[38]. Er „erhebt" nicht nur seine Hände, er „streckt sie aus"[39], wenn seine „Seele wie wasserloses Land"[40] nach dem lebendigen Wasser Gottes dürstet. Und da sich Gott dem Menschen ganz in seinem *Wort*, seinen Geboten mitgeteilt hat, streckt der Beter bildlich seine Hände auch – bittend, verlangend – nach diesen Manifestationen des göttlichen Willens aus, „die er liebt"[41].

Die Geste des Erhebens der Hände im Gebet ist also seit alters her[42] Brauch des biblischen Menschen, und entsprechend haben daher auch Christus und die Apostel gebetet. So mahnt etwa Paulus die Gläubigen, im Gebet „an jedem Ort *heilige Hände zu erheben*, ohne Zorn und Zweifelgedanken"[43]. Ein solches Gebet ersetzt bereits im Alten Bund alle materiellen Opfer. Es „steigt wie Weihrauch empor" zu Gott, denn „das Erheben der Hände" gilt Ihm „als Abendopfer"[44].

*

Wie das im Folgenden zu behandelnde Erheben der Augen, ist auch das Ausstrecken der Hände Ausdruck eines vertrauten und ganz *persönlichen Verhältnisses* des Geschöpfs zu seinem Schöpfer. Darüber hinaus gibt diese Geste dem Gebet gleichsam eine *Ausrichtung*. Denn der Beter erhebt seine Hände

---

[38] Ps 76, 3.
[39] Ps 87, 10.
[40] Ps 142, 6.
[41] Ps 118, 48.
[42] Vgl. Ex 9, 29.
[43] 1 Tim 2, 8.
[44] Ps 140, 2.

ja *zum Himmel* als dem symbolischen „Ort" Gottes, bzw. zum *Tempel* als dem Ort seiner heilsgeschichtlichen Gegenwart inmitten seines Volkes[45]. Die Christen gehen indessen noch einen Schritt darüber hinaus, indem sie sich nicht nur allgemein dem Himmel, sondern auch dem „*Aufgang*" der Sonne zuwenden, wie wir sahen.

Die frühen Väter waren sich der symbolischen Bedeutung dieser, auch menschlich so ergreifenden Geste sehr wohl bewusst. So schreibt etwa Klemens von Alexandrien zu Beginn des 3. Jahrhunderts:

> *Deshalb heben wir auch [beim Beten] den Kopf in die Höhe und strecken die Hände zum Himmel empor und stellen uns bei dem gemeinsamen Sprechen der Schlussworte des Gebetes auf die Fußspitzen, indem wir so dem Streben des Geistes empor in die geistige Welt zu folgen suchen. Nachdem wir die durch die Sehnsucht „beflügelte Seele"*[46] *in die Höhe erhoben haben, versuchen wir, den Körper zugleich mit den von uns gesprochenen Worten von der Erde zu lösen, und strengen uns mit aller Gewalt an, zu dem „Heiligtum"*[47] *zu gelangen, indem wir die Fesseln des Fleisches verachten*[48].

In der folgenden Generation bringt Origenes denselben Gedanken mit ganz ähnlichen Worten zum Ausdruck. Wir ha-

---

[45] Ps 10, 4.
[46] Vgl. Ps 54, 7.
[47] Vgl. Ps 133, 2; Heb 9, 24 f.
[48] Klemens von Alexandrien, *Stromateis* VII, 40, 1.

ben es also offenbar mit einer altchristlichen, letztlich apostolischen „Tradition" zu tun.

> *Auch darf man nicht daran zweifeln, dass von den zahllosen Stellungen des Körpers die Stellung mit ausgestreckten Händen und emporgerichteten Augen allen [anderen] vorzuziehen ist, da man dann gleichsam das Abbild der besonderen Beschaffenheit, die der Seele während des Gebetes geziemt, auch am Körper trägt*[49].

Man sagt heute oft, man müsse auch „mit dem Körper beten" und misst daher entsprechenden „Techniken" große Bedeutung bei. Was die Väter meinten, war jedoch etwas ganz anderes. Der Körper steht nicht gleichsam selbstständig neben der Seele. Beide bilden vielmehr eine vollkommene Einheit. *Der ganze Mensch betet*, Leib und Seele, wobei der Leib der Seele gleichsam das Medium zur Verfügung stellt, durch das sie ihre „besondere Beschaffenheit", in diesem Fall ihr Streben zu Gott, die ja an sich unsichtbar ist, sichtbar zu machen vermag. Und dies ist kein geringes Ding, wie wir noch sehen werden, denn diese „Verleiblichung" bewahrt die innere Haltung davor, sich ins Wesenlose zu verflüchtigen.

*

Das Erheben der Hände war so selbstverständlich mit dem Gebet verbunden, dass es in den frühen Schriften oft einfach synonym für Beten stehen kann. Den frühen Vätern, die ja in einem noch weitgehend heidnischen Umfeld lebten, war

---

49 Origenes, *De Oratione* XXXI, 2.

indessen sehr wohl bewusst, dass es sich dabei keineswegs um eine ausschließlich christliche Geste handelte. Nicht nur die Juden, auch die Heiden erhoben ja ihre Hände zum Gebet, und dies nicht einmal ausschließlich zu ihren leblosen Götzen, sondern etwa der Sonne zugewandt.

So berichtet etwa Klemens von Alexandrien ganz unbefangen, wie der mythische Aiakos, Sohn des Zeus und ein Vorbild an Milde und Frömmigkeit, durch das Erheben seiner „reinen Hände" dem dürren Land einen Regenschauer erwirkte[50]. Die Väter legten daher hier, wie auch bei anderen, allgemein menschlichen religiösen Bräuchen, besonderen Wert darauf, ihre spezifisch *christliche Bedeutung* herauszustellen, selbst wenn es sich um schon dem Volk des Alten Bundes eigene Gesten handelte.

> *Moses, der Hierophant[51], schlug Amalek in die Flucht, als er, in Nachahmung des seine Hände am Kreuz ausstreckenden Christus, seinen Stab mit beiden Händen seitwärts hielt[52]. Deshalb werden auch wir, wenn wir die Hände im Gebet ausstrecken, den Satan besiegen. Wenn der heilige Moses den Stab geradeaus und nicht seitlich gehalten hätte, wie wären ihm dann die Hände schwer geworden, sodass er Aaron und Or nötig hatte, die seine Hände rechts und links stützten?[53]*

---

50 Klemens von Alexandrien, *Stromateis* VI, 28, 5 f.
51 So wurde der heidnische „Weihepriester" genannt, dem bei den kultischen Handlungen das Zeigen und Deuten der heiligen Symbole und Gebräuche oblag. Seine Aufgabe war es, die Profanen in die religiösen Geheimnisse einzuweihen.
52 Vgl. Ex 17, 9 f.
53 Nil von Ankyra, *Briefe* I, 86 (PG 79, 120 D). Verweis auf Ex 17, 12.

> *[Daher] ist es hilfreich, zumeist [mit] kreuzförmig [ausgebreiteten Händen] zu beten. Denn so werden wir von Gott gesegnet*[54] *und segnen wir auch andere. Auch der göttliche Moses segnete das Volk bei der Einweihung des Zeltes und der Inthronisierung seines eigenen Bruders als Priester, indem er die Hände kreuzförmig zum Himmel ausstreckte*[55].

Aber nicht nur in der Heilsgeschichte des Alten Bundes ist diese Geste, deren ganze Bedeutungstiefe jedoch erst im Neuen Bund offenbar wurde, fest verwurzelt, die Väter fanden sie sogar in der Schöpfungsordnung selbst geheimnisvoll vorgebildet.

> *Es beten ja auch die Engel alle, es betet jegliche Kreatur, es betet das Vieh und die wilden Tiere*[56]. *Auch sie beugen ihre Knie, und wenn sie aus ihren Ställen oder Höhlen herauskommen, so blicken sie nicht untätigen Mundes gen Himmel empor, sondern lassen den Hauch sprühend ausgehen in ihrer Weise. Die Vögel nehmen, wenn sie sich vom Nest erheben, die Richtung gen Himmel, breiten statt der Hände die Flügel in Kreuzform aus und lassen Laute hören, die als Gebet gelten können*[57].

Ganz ähnlich deutete auch Klemens von Alexandrien die Achsenrichtung der ältesten Tempel der Heiden als eine wunderbare, gottgewollte, wenngleich den Heiden selbst nicht

---

54 Vgl. Lk 24, 50.
55 Nil von Ankyra, *Briefe* I, 87 (PG 79, 121 A). Verweis auf Lev 9, 22. 23.
56 Tertullian denkt vielleicht an Ps 148.
57 Tertullian, *De Oratione* 29.

bewusste „Orientierung" der Menschen hin zu dem kommenden „Aufgang" der „Sonne der Gerechtigkeit", *Christus*.

*

Dieser Gedanke von „Vorbild" und „Erfüllung" ist zutiefst biblisch, wie die Schriften des Neuen Testamentes lehren. Immer wieder weisen ihre Autoren darauf hin, dass Christus dies oder jenes widerfuhr, „damit sich die Schrift erfüllte, die sagt…". Namentlich Paulus sah in den Ereignissen und Personen des Alten Bundes vor allem „Vorbilder" (*typoi*), deren „Verwirklichung" erst der Neue Bund bringen sollte[58]. In diesem Sinn erblickten dann die Väter in dem mit kreuzförmig ausgebreiteten Armen betenden Moses, der in dieser *mühevollen* Haltung Amalek besiegte, ein Vorbild des am Kreuz die geistigen „Amalekiter", die Dämonen, besiegenden Christus.

Den Sinn dieser Geste begreift indessen auch der Dämon sehr wohl, und deshalb setzt er alles ins Werk, um den Beter zu zwingen, *die Arme sinken zu lassen*, wie Evagrios von „einem der Heiligen" berichtet. „*Der aber ließ sie niemals heruntersinken, ehe er nicht die gewohnten Gebete beendet hatte*"[59]. Beide wussten nämlich sehr wohl, was geschieht, wenn der Beter so in die Haltung des Gekreuzigten eintritt.

Abba Loth begab sich zu Abba Joseph und sagte zu ihm: „Abba, meinen Kräften entsprechend verrichte ich mein kleines Offizium und mein kleines Fasten, das Gebet,

---

[58] Vgl. 1 Kor 10, 6. 11.
[59] Evagrios, *Or* 106, vgl. 109.

die Meditation, die Abgeschiedenheit, und entsprechend meinen Kräften reinige ich mich von meinen Gedanken. Was muss ich sonst noch tun?" Da stand der Altvater auf, breitete die Hände zum Himmel aus, und seine Finger wurden wie zehn brennende Lampen. Und er sagte zu ihm: „Wenn du willst, werde ganz wie Feuer!"[60]

Das ist jenes *„Glutgebet"*, wie Evagrios[61] und Johannes Cassianus[62] es nennen, das den Menschen zu einem „Engel" macht[63], besteht doch der Engel mehrheitlich aus „Feuer"[64]. Es löst ihn von allem Irdischen und stellt ihn, dem Engel gleich, „vor Gottes Angesicht"[65].

Man erzählte von Abba Tithoes[66]*, dass sein Geist, wenn er nicht schnell die Arme senkte, wenn er im Gebet dastand, in die Höhe hinweg gerissen wurde. Wenn es sich nun traf, dass Brüder mit ihm beteten, beeilte er sich, schnell die Hände zu senken, damit sein Geist nicht hinweggeraubt wurde und [in der Höhe] verweilte*[67].

*

---

60 Apophthegma *Joseph von Panepho* 7, vgl. 6.
61 Evagrios, *Or* 111.
62 Cassian, *Conl* IX, 15.
63 Evagrios, *Or* 113.
64 Vgl. Ps 103, 4.
65 Vgl. Lk 1, 19.
66 Eine andere Schreibweise für Sisoes.
67 Apophthegma *Tithoes* 1.

3. „Zu dir erhebe ich meine Augen, der du im Himmel wohnst"[68]

Das Aufheben der Hände wird begleitet von dem „Erheben der Augen" zum Himmel, wie bereits aus einigen Texten deutlich wurde. Der Sinn dieser Geste erhellt aus dem Sprachgebrauch der Heiligen Schrift selbst. Der materielle „Himmel" ist nur Symbol des intelligiblen „*Ortes*" Gottes, der ja in Wirklichkeit „über den Himmeln der Himmel" thront[69]. Die Geste gilt also Gott selbst. Der Beter hat seine – geistigen und daher zeichenhaft auch seine leiblichen – Augen „allzeit auf den Herrn" geheftet[70], gleichwie die Augen der Sklaven auf die Hände ihrer Herren, und die Augen der Dienerinnen auf die Hände ihrer Herrin geheftet sind[71], um auf das leiseste Zeichen einer Willensäußerung hin zu Diensten zu sein.

Das Aufheben der Augen zum Himmel und das Heften des Blicks auf den Herrn ist also sowohl Ausdruck inniger *Vertrautheit* des Beters mit dem gegenwärtig gewussten Herrn als auch jenes *Freimutes* dem Vater gegenüber, den uns Christus erwirkt hat[72]. Es ist sodann ein Zeichen bereitwilliger *Aufmerksamkeit* dem gegenüber, auf den der Kontemplative im Gebet seinen „Blick ganz und gar geistlich heftet" (*enatenizei*)[73].

---

68 Ps 122, 1.
69 Vgl. Ps 56, 6. 12 u. Ö.
70 Ps 24, 15.
71 Ps 122, 2.
72 Eph 3, 11-13.
73 *In Prov* 7, 19. 20: Géhin 95; vgl. id. Nr. 310.

Daher ist uns auch von Christus, der als Mensch ein großer Beter und Vorbild allen christlichen Betens war, mehrfach überliefert, dass er im Bewusstsein seiner vollkommenen *Willenseinheit* mit dem Vater[74] „seine Augen zum Himmel erhob", wenn er seinem Vater um etwas bitten wollte. So etwa bei der Heilung eines Taubstummen[75], bei der wunderbaren Brotvermehrung[76], bei der Auferweckung des Lazarus[77] und schließlich zu Beginn jenes Abschiedsgebetes, da Jesus den Vater um seine „Verherrlichung" bittet[78].

Bei unserem Herrn gewinnt die Geste des Erhebens der Augen also eine ergreifende Feierlichkeit, ist sie doch Ausdruck jenes ganz und gar einzigartigen Verhältnisses, das zwischen dem Sohn und seinem himmlischen Vater besteht. Nur *„in Christus"* darf es der Christ eigentlich wagen, wie er „die Augen zum Himmel zu erheben", so wie er ja auch nur „in Christus" wagen darf zu sagen: Abba – lieber Vater! Der sich seiner Sünden nur allzu bewusste Zöllner wagte es denn auch nicht, „seine Augen zum Himmel zu erheben", sondern schlug sich, gesenkten Blicks, auf die Brust[79], den Sitz seines „Herzens", aus dem alle bösen Gedanken kommen[80].

*

---

[74] Joh 4, 34; 5, 30; 6, 38.
[75] Mk 7, 34.
[76] Mt 14, 19 par.
[77] Joh 11, 4 f.
[78] Joh 17, 1.
[79] Lk 18, 13.
[80] Mt 15, 19.

Wie andere Gesten des biblischen Menschen, ist auch das Erheben der Augen als fester Bestandteil christlichen Betens ungebrochen aus der biblischen Zeit in die frühkirchliche Tradition übergegangen. Wie hätte es auch anders sein können, lasen die Väter doch die Heilige Schrift noch mit ganz anderen Augen als wir!

> *David sagt: „Zu dir habe ich meine Augen erhoben, der du im Himmel wohnst"*[81]*, und: „Zu dir habe ich meine Seele erhoben, mein Gott"*[82]*. Denn wenn die „Augen" des Geistes sich „erheben", sich von dem Verkehr mit dem Irdischen und der Durchdringung mit allzu weltlichen Vorstellungen entfernen und sich so weit nach oben richten, dass sie sogar über die Schöpfung hinaussehen und sich einzig darum mühen, Gott zu betrachten und mit ihm, dem Hörenden, würdig und geziemend Zwiesprache zu halten: wie sollte daraus nicht schon der größte Nutzen für diese selbst erwachsen, [die ihre] „Augen" [emporheben], „die mit unverhülltem Angesicht die Herrlichkeit des Herrn wie im Spiegel schauen", und „in dieses selbe Bild verwandelt werden von Herrlichkeit zu Herrlichkeit"?*[83] *Denn sie nehmen dann teil an einem gewissen geistigen Ausfluss göttlicher Art, was aus dieser Stelle klar wird*[84]*: „Es zeigte sich über uns das Licht deines Antlitzes, Herr"*[85]*.*

---

[81] Ps 122, 1.
[82] Ps 24, 1.
[83] 2 Kor 3, 18.
[84] Vgl. Ps 4, 7.
[85] Origenes, *De Oratione* IX, 2.

Der diesen Worten zugrunde liegende Gedanke ist uns inzwischen wohl vertraut: Die äußere Geste ist nur der Widerschein der *inneren Haltung*, um die es ja letztlich allein geht. Das Erheben des Blicks empor zum Himmel, dem symbolischen „Ort" Gottes, lässt den Körper gleichsam zur „Ikone"[86], zum Abbild des „Strebens des Geistes empor in die geistige Welt" werden[87]. Getreu der Mahnung des Apostels nämlich:

> *Seid ihr nun mit Christus auferweckt worden, so suchet, was droben ist, wo Christus ist, sitzend zur Rechten Gottes. Richtet euren Sinn auf das, was droben ist, nicht auf das, was auf Erden ist! Denn ihr seid [dem Irdischen] gestorben, und euer Leben ist mit Christus in Gott verborgen*[88].

Der Blick der Augen „nach oben" hat also denselben Sinn wie die Wendung im Gebet nach Osten: die *Hinwendung zum Herrn*! Gleichwie sich die Seele, weil sie als geschaffenes personales Sein in der Person Gottes ein wahrhaftiges Gegenüber hat, im Gebet dem Herrn zuwendet, so wendet der Beter auch sein leibliches Antlitz, den „Spiegel" der Seele, dem Herrn zu.

> *Wo auch immer, selbst wenn wir des Weges wandeln, wollen wir mit unserem ganzen Herzen Gebete an Gott richten. Lasst uns dem Gebet obliegen, die Arme in Kreuzform ausgebreitet, das Gebet sprechend, das im Evangelium geschrieben steht*[89], *und die Augen unseres*

---

86 Ibid. XXXI, 2.
87 Klemens von Alexandrien, *Stromateis* VII, 40, 1.
88 Kol 3, 1-3.
89 D. h. das Vaterunser.

Herzens und unseres Leibes dem Herrn zugewandt, wie geschrieben steht[90]*:* „Zu dir erhebe ich meine Augen, Herr, zu dir, der du im Himmel wohnst, wie die Augen der Knechte auf die Hände ihrer Herren [gerichtet sind]"[91].

*

Soll der Mönch auch überall beten, „sei es bei den Gebetsversammlungen... sei es in den Häusern, an jedem Ort, sei es auf den Feldern, sei es in der Gemeinschaft"[92], so ist das auffällige Stehen mit kreuzförmig ausgebreiteten Armen ebenso wie andere Gesten dieser Art doch eher dem verborgenen Gebet in der „Kammer" vorbehalten.

Jenen, die noch nicht das wahre Gebet des Herzens erlangt haben, kommt die Pein des körperlichen Gebetes zu Hilfe. Ich will sagen: das Ausbreiten der Hände, das Schlagen der Brust, das lautere Aufblicken zum Himmel, das laute Aufseufzen, die unablässigen Kniebeugen, was uns aber häufig der Anwesenden wegen nicht möglich ist[93].

Von diesen Gesten, die allesamt nicht in die Öffentlichkeit gehören, weil sie nur allzu leicht die Neugier der anderen erregen, bzw. unter Umständen auch deren Bewunderung und dadurch Anlass zu eitlem Ruhm werden, möchte man allein das *„lautere Aufblicken zum Himmel"* ausschließen. Denn

---

90 Vgl. Ps 122, 1-2.
91 Horiesios, *Règlements*, Œuvres de S. Pachôme et de ses disciples, ed. Lefort, S. 83, 8 ff.
92 Ibid.
93 Johannes Klimakos, *Scala Paradisi*, gradus XV, 76 (ed. Sophronios).

diese Gebärde ersetzt dann nicht nur das Stehen mit erhobenen Händen, sie ist auch als solche so unauffällig, dass die Nichteingeweihten kaum ihren Sinn verstehen, sodass unser „geistiges Tun" vor ihnen verborgen bleibt.

> *Abba Jakobos hat gesagt: „Ich ging einmal nach Baleos zu Abba Isidoros, dem von Nezare, und fand ihn schreibend in seiner Behausung sitzen. Ich blieb eine Weile bei ihm und beobachtete ihn, wie er oft die Augen zum Himmel erhob, ohne dass sich seine Lippen bewegten, auch hörte man seine Stimme nicht. Ich fragte ihn: Was machst du, mein Vater? Er antwortete mir: ‚Weißt du nicht, was ich tue?' Durchaus nicht, Abba, sagte ich. Da antwortete er mir: „Wenn du das nicht weißt, Jakobos, bist du noch nicht einen Tag Mönch gewesen! Sieh, was ich sage: Jesus, erbarme dich meiner! Jesus, hilf mir! Ich preise dich, mein Herr!"*[94]

*

Im Leben eines jeden Menschen gibt es indessen Augenblicke, da er sich plötzlich schmerzlich bewusst wird, welches Privileg das Erheben der Augen zu Gott eigentlich bedeutet, dann nämlich, wenn sein *„Antlitz mit Schande bedeckt ist"*[95] und er seinen *Freimut* vor Gott durch eine Sünde, ein Vergehen wider Ihn verloren hat. Dann ist ihm auch gar nicht danach zumute, sich vor Gott hinzustellen und seine Hände

---

[94] Apophthegma *Eth. Coll.* 13, 43.
[95] Ps 68, 8.

zu ihm zu erheben. Vielmehr steht er gesenkten Blickes da und sagt mit dem Zöllner: „O Gott, sei mir Sünder gnädig!"

Das Erheben der Augen, des Blicks wäre in diesem Fall nämlich nicht Zeichen der Vertrautheit mit Gott, sondern Ausdruck frecher *Verwegenheit*. In diesem Sinn spricht schon der Psalmist vom „hochmütigen Auge"[96] und versichert: „*Herr, mein Herz hat sich nicht [stolz] erhoben, noch blicken meine Augen [frech] in die Höhe*"[97]. Den Vätern ist auch dies nicht entgangen. Die Demut gehört zum festen Bestand ihrer Lehre vom Gebet.

> *Dagegen empfehlen wir Gott unsere Bitten viel besser, wenn wir mit Bescheidenheit und Demut beten, ohne auch nur einmal die Hände selbst zu hoch emporzustrecken, sondern indem wir sie nur mäßig und anständig aufheben und den Blick nicht zu zuversichtlich erheben. Der bekannte Zöllner, der nicht bloß in seiner Bitte, sondern auch in seiner Miene, da er betete, Demut und gebeugten Sinn zeigte, ging gerechtfertigter von dannen als jener übermütige Pharisäer. Auch der Ton der Stimme muss gedämpft sein, oder was für einer Stimme würde man bedürfen, wenn die Erhörung von der Stärke der Stimme abhängig wäre? Gott ist kein Hörer der Stimmen, sondern des Herzens, welches er ja auch durchschaut*[98].

Ganz ähnlich rät auch der Meister des Gebets, Evagrios, den „*Blick im Gebet gesenkt zu halten*"[99] und, mehr auf die „Qua-

---

96 Ps 100, 5.
97 Ps 130, 1.
98 Tertullian, *De Oratione* 17.
99 Evagrios, Or 110.

lität" als die „Quantität" achtend[100], nicht „pharisäisch", sondern „zöllnerisch" zu beten[101].

*

Doch halt, der Christ darf sich trotz allem seinen *Freimut*, jene „Zuversicht" (*parrhêsia*), die ihm in Christus geschenkt worden ist[102], nicht rauben lassen! Eben dies aber hat der Versucher im Sinn, wenn er uns eine *falsche Demut* nahe legt.

> *Der Dämon, der den Intellekt zu einer Lästerung Gottes hinreißt und jenen verbotenen Vorstellungen, die ich nicht einmal der Schrift anzuvertrauen wage, soll uns nicht verwirren noch uns unsere Willigkeit austreiben. Denn ein „Herzenskenner"*[103] *ist der Herr, und er weiß, dass wir, selbst als wir noch in der Welt waren, uns niemals je einem derartigen Wahnsinn hingegeben haben.*
> *Das Ziel dieses Dämons ist es, uns vom Gebet abzubringen, damit wir nicht mehr vor dem Herrn stünden noch es wagten, die Hände zu dem auszustrecken, wider den wir Derartiges im Sinn gehabt haben*[104].

In diesem wie in ähnlichen Fällen „soll man ihnen nicht gehorchen, sondern vielmehr das Gegenteil [von dem, was uns die Dämonen anraten] tun"[105].

*

---
100 Id. *Or* 151.
101 Id. *Or* 102.
102 Eph 3, 12.
103 Vgl. Apg 1, 24.
104 Evagrios, *Pr* 46.
105 Id. *Pr* 22.

4. „Er beugte die Knie und betete"[106]

Ist also das Stehen gleichsam die Grundhaltung des biblischen Beters, so ist es doch keineswegs die einzige Haltung. Es gibt Augenblicke, da die einzig angemessene Haltung vor Gott das „Beugen der Knie" ist. So kniet der biblische Mensch etwa, wenn er Gott besonders *inständig um etwas bitten will*[107]. Petrus beugt das Knie, als er um die Auferweckung der eben verstorbenen Tabita bittet[108], gleiches tun Paulus und die Gemeindeältesten bei dem dramatischen Abschied des Apostels in Milet[109], und ebenso beim Abschied von den Brüdern in Tyros[110]. Desgleichen beugt Paulus das Knie bei seinem feierlichen Fürbittgebet in Eph 3, 14-21.

Kniefällig bitten auch Kranke[111], bzw. deren Angehörige[112] Jesus um Heilung. Aber auch jener Reiche, der Christus nachfolgen will, fällt vor ihm bittend auf die Knie[113].

Kniefällig bittet schließlich sogar Christus selbst im Garten Gethsemane den Vater, wenn möglich den Leidenskelch an ihm vorübergehen zu lassen. Es ist allerdings nicht ganz klar, welche Geste hier genau gemeint ist; bei manchen späteren Texten ist es ähnlich. Denn *„beugt"* Christus bei Lukas *„die*

---

106 Apg 9, 40.
107 1 Kg 8, 54.
108 Apg 9, 40.
109 Apg 20, 36.
110 Apg 21, 5.
111 Mk 1, 40.
112 Mt 17, 14.
113 Mk 10, 17.

Knie"[114], so „*fällt er*" bei Markus „*auf die Erde*"[115], bei Matthäus hingegen „*fällt er auf sein Angesicht*"[116]. Das Beugen beider Knie geht in der Tat oft in ein völliges Sich-Ausstrecken auf den Boden über. Auf diese sehr charakteristische Gebetshaltung werden wir im folgenden Abschnitt eingehen.

*

Wie das Stehen, so drückt auch das Beugen [beider] Knie tiefe *Ehrfurcht* aus, sei es aufrichtige[117], sei es geheuchelte, wie etwa bei der Verspottung Christi durch die römischen Soldaten[118]. Das Beugen der Knie ist in der Tat sichtbares Zeichen der Anerkennung der Majestät dessen, vor dem man diese Geste vollzieht.

> *Mir wird sich beugen jedes Knie,*
> *mir Treue schwören jede Zunge und sprechen:*
> *Nur in dem Herrn ist Heil und Stärke!*[119]

Wie der biblische Mensch, so hielten es auch die heiligen Väter, für die das Beispiel des ersteren noch selbstverständliche Norm war.

> *Indem wir dies sagen, [nämlich dass man stehend beten soll] wollen wir keineswegs die fromme und schöne [Sitte der] Kniebeuge abschaffen! Denn auch der Prophet*

---
114 Lk 22, 41.
115 Mk 14, 35.
116 Mt 26, 39.
117 Vgl. Röm 14, 11; Phil 2, 10.
118 Mt 27, 29; Mk 15, 19.
119 Is 45, 23 f.

Daniel flehte zu Gott, indem er zur dritten, sechsten und neunten Stunde die Knie zur Erde beugte[120].

*

Drückt das Stehen im Gebet auch Ehrfurcht und gesammelte Aufmerksamkeit aus, wie sie dem Geschöpf im Angesicht seines Schöpfers ansteht, so ist diese Haltung doch nicht ohne *Würde*. Wie gesagt gibt es jedoch Augenblicke, da der Mensch eben diese Würde eingebüßt hat und das Stehen vor Gott wie das Erheben der Augen eher Verwegenheit als Ehrfurcht bedeuten würde. Ganz spontan kniet sich der Mensch daher vor Gott auf die Erde, wenn er ihn um die *Verzeihung seiner Sünden* bitten will.

Ferner muss man wissen, dass, wenn jemand sich seiner eigenen Sünden vor Gott anklagen und um Heilung davon und um ihre Vergebung flehen will, die Kniebeugung notwendig ist; denn sie dient als Kennzeichen dessen, der sich demütigt und unterordnet, da Paulus sagt: „Deshalb beuge ich meine Knie vor dem Vater, von dem alle Stämme im Himmel und auf Erden den Namen haben"[121].
Die geistige Kniebeugung aber, so genannt, weil sich „im Namen Jesu" jeder der Seienden vor Gott demütigt und erniedrigt, scheint mir von dem Apostel in diesen Worten angedeutet zu sein: „damit im Namen Jesu alle Knie derer sich beugen, die im Himmel und auf Erden und unter

---
120 Nil von Ankyra, *Briefe* I, 87 (PG 79, 121 A). Verweis auf Dan 6, 10 (11).
121 Eph 3, 14-15.

der Erde sind"[122]. *Aber auch das Prophetenwort: „Mir werden sich alle Knie beugen"[123], bedeutet dasselbe*[124].

Nicht anders als das Stehen, drückt also auch das Kniebeugen im Leib „das Abbild der besonderen Beschaffenheit [aus], die der Seele während des Gebetes geziemt"[125], die „Verdemütigung und Erniedrigung des Geistes" nämlich, wie Joseph Bousnaya sagte.

*

Da es sich bei der Kniebeuge also vornehmlich – wenn auch keineswegs ausschließlich – um eine Geste der Verdemütigung und von daher auch der *Buße* handelt, ist verständlich, dass ihr *bestimmte Zeiten* vorbehalten sind. Denn auch die Zeit gewinnt ja durch die Erfüllung der Heilsgeschichte in Christus eine neue Dimension und erlangt einen zeichenhaften, auf diese Erfüllung hin gerichteten Charakter. Allein diese Beziehung zu Christus macht aus einer vielleicht allgemeinmenschlichen Geste eine spezifisch christliche Geste.

> Frage*: Wenn das Beugen des Knies in den Gebeten die Betenden Gott näher bringt als das stehende Beten und das göttliche Mitgefühl reicher herabzieht, warum beugen dann die Betenden an den Herrentagen und von Ostern bis Pfingsten nicht das Knie? Und von woher stammt dieser Brauch in den Kirchen?*

---
122 Phil 2, 10.
123 Is 45, 23 / Röm 14, 11.
124 Origenes, *De Oratione* XXXI, 3.
125 Ibid. XXXI, 2.

Antwort: *Weil wir es nötig haben, allzeit beider Tatsachen eingedenk zu sein, sowohl unseres Falles in die Sünden als auch der Gnade unseres Christus, durch welche wir von dem Fall aufgestanden sind. Deshalb ist unser Kniebeugen an den sechs Tagen [der Woche] ein Symbol unseres Falles in die Sünde. Dass wir aber am Herrentag die Knie nicht beugen, ist ein Symbol der Auferstehung, durch welche wir – durch Christi Gnade – sowohl von den Versündigungen als auch von dem Tod, der durch ihn getötet wurde, befreit worden sind.*
Zu apostolischer Zeit hat dieser Brauch seinen Ursprung genommen, wie der selige Irenäus, der Märtyrer und Bischof von Lyon, in der Schrift „Über das Pascha"[126] *sagt, in der er auch die Pentekoste erwähnt, an der wir die Knie nicht beugen, weil sie dem Herrentag aus dem für diesen Tag ausgegebenen Grund an Bedeutung gleich ist*[127].

Der Brauch, am Sonntag und während der ganzen Osterzeit bis Pfingsten die Knie nicht zu beugen, ist eine jener „ursprünglichen, ungeschriebenen Überlieferungen" der Apostel, die ehedem Ost und West gemeinsam waren, heute aber fast nur mehr im Osten bewahrt werden.

Wir müssen uns gemäß der Überlieferung einzig am Tage der Auferstehung des Herrn nicht nur dieses, sondern auch jedes Zeichen der Furcht und jedes daraus hervorgehenden Dienstes enthalten, ... ebenso in der Pfingstzeit, die wir

---

[126] Nicht erhalten. Klemens von Alexandrien schöpft, nach dem Zeugnis des Eusebios, HE VI, 13, 9, in seiner (ebenfalls nicht erhaltenen) Schrift „Über das Pascha" u. a. auch aus Irenäus, d. h. wohl aus der oben genannten Schrift über dasselbe Thema.

[127] Pseudo-Justinus, *Quaestiones et responsiones ad orthodoxos*, 115. Frage (ΒΕΠ 4, S. 127 f.).

> *durch eben dieselbe freudige Begehung auszeichnen. Wer wollte im Übrigen aber Anstand nehmen, sich jeden Tag vor Gott niederzuwerfen, wenigstens beim ersten Gebet, womit wir den Tag antreten? An den Fast- und Stationstagen*[128] *aber ist kein Gebet ohne Kniebeugung und die sonstigen herkömmlichen Verdemütigungen abzuhalten. Denn wir beten dann nicht bloß, sondern wir tun auch Abbitte und leisten Gott, unserem Herrn, Genugtuung*[129].

Mag die Begründung für das Verbot, zu bestimmten Zeiten das Knie zu beugen, von einem Vater zum anderen auch etwas verschieden sein, so ist der zugrunde liegende Gedanke doch stets derselbe: Die Einheit von Leib und Seele ist derart, dass die Haltung des ersteren in Übereinstimmung mit der jeweils geforderten inneren Haltung zu sein hat.

> *Am Herrentag beten wir stehend, indem wir [dadurch] das Feststehen des kommenden Äons ausdrücken. An den anderen Tagen hingegen beugen wir die Knie, indem wir dadurch den Fall des Menschengeschlechtes durch die Sünde andeuten. Indem wir uns von der Kniebeuge erheben, machen wir ja die uns allen durch Christus geschenkte Auferstehung deutlich, die am Herrentag gefeiert wird*[130].

*

Das Beugen der Knie, so wie wir es heute im Westen kennen, ist eine im wesentlichen *statische Geste*: die Gläubigen ver-

---

128 D. h. Mittwoch und Freitag.
129 Tertullian, *De Oratione* 23.
130 Nil von Ankyra, *Briefe* III, 132 (PG 79, 444 D).

harrten bis in die Gegenwart hinein während des persönlichen Gebets oder der gemeinsamen Andacht, ja selbst während der Feier der heiligen Messe, oft lange Zeit fast unbeweglich auf den Knien. Gewiss beten auch die Christen der Ostkirche bisweilen auf den Knien, doch wird das *Beugen beider Knie*, vor allem wenn es sich um eine Bußgeste handelt, hier oft viele Male hintereinander wiederholt, meist begleitet von einer kurzen Anrufung nach Art der oben genannten Stoßgebete; es handelt sich also um eine *dynamische Geste*.

Dies war früher auch im Westen bis weit ins Mittelalter hinein so. Allerdings ist bei manchen alten Texten nicht immer ganz eindeutig, ob es sich tatsächlich um Kniebeugen im eigentlichen Sinn handelt, oder vielmehr um die im folgenden Abschnitt zu behandelnden Prostrationen („*Metanien*"). Diese Unsicherheit besteht etwa (für uns) in folgendem Auszug aus einem Brief des Reklusen Johannes von Gaza.

> *Wenn dir also eine Versuchung dieses [nächtlichen] Kampfes [der dämonischen Gedanken] widerfährt, dann mache siebenmal sieben Kniebeugen, d. h. 49 Kniebeugen, wobei du bei jeder sprichst: „Herr, ich habe gesündigt, verzeih mir um deines heiligen Namens willen!" Bist du jedoch krank oder ist Sonntag, wo es nicht gestattet ist, Kniebeugen zu machen, sprich diese Worte siebzig mal anstelle der 49 Kniebeugen*[131].

Es mag wohl sein, dass mit diesen „Kniebeugen" (*gonyklisiai*) tatsächlich Prostrationen gemeint sind. Dass es sich dabei

---

131 Barsanuphios und Johannes, *Briefe* Nr. 168.

um zwei verschiedene Gesten handelt, wird jedoch deutlich, wenn wir lesen, dass die fromme Gräfin Ada (um 1090) täglich sechzig mal den Englischen Gruß betete, und zwar zwanzigmal *auf der Erde ausgestreckt*, zwanzigmal *mit gebeugten Knien* und zwanzigmal *stehend*[132].

*

Damit sind wir auch bei der Frage, die sich mancher vielleicht schon gestellt hat: Was nun, stehen oder knien? Sowohl als auch! Die verschiedenen Gebetshaltungen schließen einander ja nicht aus. So lesen wir über einen Mönchsvater, dass er nach jedem (stehend rezitierten) Psalm eine Kniebeuge machte und (stehend) ein Gebet verrichtete[133].

Ähnlich hielten es die Mönche der Sketischen Wüste, wie uns Johannes Cassian berichtet. Nach der von Lesern vorgetragenen Psalmodie, der die Gemeinschaft sitzend folgte, erhoben sich alle zum Gebet. Dann beugten sie das Knie und streckten sich kurz anbetend auf dem Boden aus, um erneut des Längeren stehend zu beten[134].

Denselben „Ritus" setzt im Wesentlichen auch Benedikt in seiner Regel voraus[135]. Ein fernes Echo findet sich davon noch heute in der Karfreitagsliturgie, wenn der Diakon die Gläubigen bei den großen Fürbitten auffordert: *flectamus genua – levate*: lasst uns die Knie beugen – erhebet euch!

---
132 Vgl. R. Scherschel, Der Rosenkranz – das Jesusgebet des Westens, Freiburg 1982, S. 57.
133 Regnault, *Série des anonymes* 1627 A.
134 Cassian, *Inst* II, 7, 2.
135 *Regula Benedicti* 20 und 50.

5. „Betet an den Herrn in seiner heiligen Halle"[136]

Das Stehen vor Gott im Gebet ist Ausdruck jener tiefen Ehrfurcht, die dem Geschöpf vor seinem Schöpfer ansteht. Dieselbe innere Haltung drückt der biblische Mensch auch durch eine andere Geste aus: das *anbetende Niederfallen* (*proskynêsis*). Denn vor der Majestät des Herrn des Alls hat sich jedes Geschöpf zu beugen, der Engel[137] nicht weniger als „alle Könige"[138], ja „die ganze Erde"[139].

Dieses *„anbetende Niederfallen bis auf die Erde"*[140] ist also im Prinzip eine Geste, die allein der Person des allmächtigen Gottes gilt[141], bzw. in abgeleiteter Form dem Ort, an dem er „wohnt", dem Tempel[142], in dessen „heiligen Höfen"[143] der Fromme vor dem „Schemel seiner Füße" anbetend niederfällt[144].

Dieselbe Geste kann aber auch Menschen zuteil werden, denen von Gott her eine besondere geistliche Autorität zukommt. So fallen Menschen vor Christus „auf ihr Angesicht" nieder, wenn sie sich seines göttlichen Mysteriums bewusst

---

136 Ps 28, 2.
137 Ps 96, 7.
138 Ps 71, 11.
139 Ps 65, 4.
140 Gen 18, 2 (Abraham vor Gott).
141 Dt 6, 13 / Mt 4, 10!
142 Ps 5, 8.
143 Ps 28, 2; 95, 9.
144 Ps 98, 5, vgl. 131, 7.

werden[145], ihn um Hilfe bitten[146] oder für empfangene Hilfe danken wollen[147]. Gleiches widerfährt später den in seiner Kraft und mit seiner Autorität auftretenden und handelnden Aposteln[148].

Sehr oft ist später in der alten Mönchsliteratur die Rede davon, dass ein Mönch vor einem anderen niederfällt, „eine Metanie macht", wie es heißt. Doch hier hat diese Geste tiefster Verdemütigung einen ganz bestimmten Sinn: sie unterstreicht die *Bitte um Verzeihung*. Daher auch die Bezeichnung „Metanie" (*metanoia*) – Reue, Buße, Umkehr, die sie hier durchweg trägt. Ein echter Mönch ist nur der, der sich zu dieser Verdemütigung selbst vor dem bereit findet, der ihm Unrecht getan hat. Von daher versteht man, wie ein Vater so weit gehen kann zu behaupten, es sei der Satan gewesen, der Adam nach dem Sündenfall im Paradies veranlasst habe, sich zu verstecken, damit er nicht etwa, wenn er Gott begegne, eine Metanie mache und ihm verziehen würde ...[149]

*

Als Gebetsgeste gehört die „Metanie" (*prostratio*) seit biblischen Zeiten zum festen Bestandteil des geistlichen Lebens, sowohl im Osten als auch – für mehr als ein Jahrtausend – im Westen.

---

145 Mt 8, 2; 9, 18 u. Ö.
146 Lk 5, 12.
147 Lk 17, 16.
148 Apg 10, 25.
149 Regnault, *Serie des anonymes* 1765.

Ein Bruder fragte einen Altvater: „Ist es gut, viele Metanien zu machen?" Sprach der Altvater: „Wir sehen, dass Gott dem Josua, dem Sohn Nuns erschien, als dieser auf dem Angesicht lag"[150].

Wie man sieht, wirft sich der Beter *der Länge nach auf den Boden.* „Er wirft sich auf sein Angesicht nieder und betet zu Gott"[151], wie dies schon Christus im Garten Gethsemane tat[152]. Eine Geste, die auch unter den „Neun Gebetsweisen des heiligen Dominikus" aufgeführt wird und sich als Ausdruck der Verdemütigung vor einem Mitbruder in Form der *venia* bei den Dominikanern bis in die Neuzeit erhalten hat. Im Raum der Ostkirche haben sich früh zwei verschiedene Formen der Prostration herausgebildet.

Die Ordnung der Prostrationen ist die folgende: Man soll vor dem Kreuz niederfallen, bis die Knie und der Kopf [d. i. eigentlich die Stirn] den Boden berühren.
Bei der Verneigung hingegen gelangen die Knie nicht bis auf den Boden, sondern nur die Hände und der Kopf, während der Körper in der Luft schweben bleibt[153].

Im byzantinisch geprägten Osten entsprechen dem bis heute die große Metanie, bei der Knie, Hände und Stirn den Boden berühren, und die kleine Metanie, die *profunda* der lateinischen Mönche, bei der nur die Rechte den Boden berührt. Kein Gebet, sei es gemeinschaftlich oder privat, das

---

150 Apophthegma *Nau* 301. Verweis auf Jos 7, 6. 10.
151 Apophthegma *Johannes Kolobos* 40.
152 Mt 26, 39.
153 *Joseph Bousnaya*, S. 397.

nicht auch heute noch im christlichen Osten von zahlreichen „Metanien" begleitet wäre. Denn schon in biblischer Zeit ist die Prostration eine *mehrfach wiederholte Geste*. So macht etwa Jakob vor seinem Bruder Esau *sieben Metanien* um ihn gnädig zu stimmen[154].

Was wäre in der Tat ein Gebet ohne Metanien? Es bliebe „gewöhnlich, kalt und schal" (Joseph Bousnaya). Dabei gilt natürlich von den Prostrationen, was oben von den Kniebeugen gesagt wurde: An den Herrentagen und während der ganzen Zeit der Pentekoste sind die großen Metanien, weil Bußgesten, untersagt.

*

Wäre Adam vergeben worden, hätte er nach seinem Fall in aller Demut vor Gott eine Metanie gemacht, dann ist verständlich, dass diese Geste eine mächtige Waffe gegen die Angriffe des Bösen ist. So rät ein Altvater einem heftig versuchten Bruder:

> *Steh' auf, bete und mach' eine Metanie, indem du sprichst: „Sohn Gottes, erbarme dich meiner!"*[155]

Aber nicht nur im privaten Gebet, sondern auch bei den gemeinschaftlichen Gottesdiensten machten die Väter seit alters eine bestimmte Anzahl von Metanien.

---

154 Gen 33, 3.
155 Apophthegma *Nau* 184.

Die oben genannten Gebete beginnen und beenden [die ägyptischen Wüstenväter] folgendermaßen: Sobald ein Psalm beendet ist, beugen sie nicht eiligst die Knie, wie einige von uns in dieser Gegend hier tun, die sich, noch ehe der Psalm richtig beendet ist, schnell zum Gebet niederwerfen, um so schnell wie möglich zum Ende zu gelangen. Gleichwie wir das Maß [der zwölf Psalmen] überschreiten wollen, die von alters her von den Vätern festgelegt wurden, drängen wir auch dem Ende zu, indem wir die noch verbleibenden Psalmen errechnen, mehr auf die Erquickung des ermüdeten Körpers bedacht als auf den Nutzen und den Vorteil des Gebetes![156]

*

Über Jahrhunderte hin war die Gebetsgeste der Metanie, die Johannes Cassianus hier seinen Lesern beschreibt, dem Westen nicht weniger vertraut als dem Osten. Die *Regula Benedicti*[157] setzt sie ebenso voraus wie die ihr vorausgehende *Regula Magistri*[158].

Doch nicht nur die Mönche, auch die Christgläubigen allgemein machten ihre Prostrationen während ihrer privaten Gebete. Im 11. Jahrhundert machte z. B. die fromme Gräfin Ada, wie wir sahen, täglich zwanzig Prostrationen, während der heilige Eremit Aybert († 1140) sich fünfzigmal zur Erde

---

156 Cassian, *Inst* II, 7, 1.
157 *Regula Benedicti*, 20, 4-5 (ed. Holzherr).
158 *Regula Magistri*, 48, 10-11 (ed. de Vogüé).

niederwarf[159]. Ein junger Mönch der Wüste machte sogar 100 Metanien „dem Brauch entsprechend"![160]

Damit sind wir wieder bei der Frage des *Maßes*, das sich bei allen Gesten stellt, die öfter wiederholt werden. Wie viele „Gebete" soll man verrichten, wie viele Kniebeugen machen, wie viele Metanien?

> *Was die Anzahl der Kniebeugen[161] betrifft, die wir an fünf Tagen der Woche im Laufe eines Tages und einer Nacht zu machen haben, so wissen wir, dass unsere göttlichen Väter sie auf 300 festgesetzt haben. Denn an jedem Samstag und an jedem Sonntag, wie auch an einigen anderen, durch das Herkommen aufgrund gewisser geheimnisvoller und nicht veröffentlichter Gründe festgesetzten Tagen sowie Wochen ist uns geboten, diese Kniebeugen zu unterlassen. Es gibt solche, die diese Zahl überschreiten, andere bleiben darunter, ein jeder entsprechend seiner Kraft bzw. seinem freien Entschluss. Auch du also tue, was du vermagst! Selig indessen der, der in allem, was Gott betrifft, sich allzeit Gewalt antut. Denn „das Reich der Himmel leidet Gewalt, und Gewalttätige reißen es an sich"*[162].

Kallistos und Ignatios schreiben für „Hesychasten", in völliger Abgeschiedenheit ganz dem Gebet lebende Mönche.

---

159 Scherschel (s. o. Anm. 132), S. 57-58.
160 Regnault, *Série des anonymes* 1741.
161 Gemeint sind Metanien.
162 Kallistos und Ignatios Xanthopouloi, *Genaue Methode und Regel*, Kapitel 39. Vgl. PHILOKALIE Bd. V, S. 69. Zitat Mt 11, 12.

Mönche und einfach Christen haben im Osten denn auch heute noch ihre je eigene „Regel", die festlegt, wie viele Metanien sie am Tag zu machen haben. Das eigene Maß wird ein jeder mit seinem geistlichen Vater ermitteln müssen, der Alter, gesundheitliche Verfassung und vor allem geistliche Reife gegeneinander abzuwägen vermag. Im geistlichen Leben ist eine „Regel" nie ein starres, immer verpflichtendes Gesetz. Sie ist *Richtlinie* für das, was sich ein Mensch *freiwillig* – zur Ehre Gottes und zur Heilung seiner Seele – vorgenommen hat.

*

Im Westen ist heute diese, ehedem der ganzen Christenheit gemeinsame Übung fast vollkommen verschwunden. Den meisten Söhnen Benedikts, dessen Regel doch die Prostrationen im Gebet vorsieht, dürfte sie aus eigenem Erleben allenfalls noch aus dem Professritus bekannt sein. Die einfachen Gläubigen werden sie vielleicht noch bei der Karfreitagsliturgie als rein liturgischen Ritus erlebt haben. Mönche wie einfache Christen sind dadurch einer mächtigen Waffe im geistlichen Leben beraubt.

Welche Kraft den Metanien innewohnt, lehrt z. B. der große ostsyrische Mystiker Isaak von Ninive (7. Jh.). Es geht hier um jene, auch dem modernen Menschen nur allzu bekannten lähmenden Perioden völliger *innerer Dunkelheit*, wenn man nicht einmal in der Lage ist, auch nur das kleinste Gebet zu verrichten. Dann solle man, so rät Isaak, seine Zuflucht zu *häufigen Metanien* nehmen, auch wenn man nichts dabei zu empfinden meint und innerlich scheinbar völlig kalt bleibt.

Denn nichts fürchte der Widersacher mehr als diese Geste tiefer Verdemütigung, und er werde daher alles ins Werk setzen, um uns daran zu hindern[163] – wie er einst Adam im Paradies daran gehindert hat, sich nach seinem Fall anbetend vor Gott niederzuwerfen.

Wir sind der hier zugrunde liegenden Vorstellung, dass die Dämonen das, was wir tun und sagen, sehr aufmerksam beobachten, schon begegnet. Auch wenn wir selbst noch so zerstreut sind und uns z. B. des Sinnes der Psalmworte, die wir rezitieren, gar nicht bewusst sind, *die Dämonen hören sie und erzittern*, sagte ein Vater[164]. Warum das so ist, lehrt ein Text des Evagrios.

> „Sie geben Acht auf meine Ferse":
> *Um durch die Beobachtung dessen, was wir tun, zu lernen. Denn die Dämonen sind mitnichten* „Herzenskenner"[165]. *Denn* „der, der allein [ihre Herzen] gebildet hat", *kennt [sie] auch allein. Deshalb wird Gott treffend der alleinige* „Herzenskenner"[166] *genannt*[167].

Der Dämon ist und bleibt der „Fremde", der zu unserem „Herzen", dem Zentrum unserer Person, nur *indirekten* Zugang hat. Er weiß aus Erfahrung, d. h. durch scharfe *Beobachtung*, dass sich dieses „Herz", aus dem ja alle, auch die

---

163 Isaak von Ninive, c. 49 (ed. Wensinck, Amsterdam 1923, S. 228 ff.).
164 Barsanuphios und Johannes, *Briefe* Nr. 711.
165 Evagrios, 4 *in Ps* 55, 7.
166 Apg 1, 24.
167 Evagrios, 10 *in Ps* 32, 15.

„bösen Gedanken" stammen[168], durch jene *„Körpersprache"* verrät, deren wir uns selbst zumeist gar nicht bewusst sind. Ganz modern anmutend stellt Evagrios nämlich fest, dass die Dämonen aus unseren Gesten, unserer Mimik, dem Ton unserer Stimme, kurz unserem ganzen äußeren Verhalten Rückschlüsse auf den Zustand unseres Herzens ziehen und ihre Taktik dementsprechend anpassen[169].

Diese Einheit von Leib und Seele sollten wir uns zu unserem eigenen Vorteil auch beim Gebet zunutze machen! Und zwar nicht nur im Hinblick auf die uns umlauernden Dämonen, sondern auch und vor allem den Widerständen unseres eigenen wankelmütigen und treulosen Herzens gegenüber. Die wiederholte Geste der Metanie bricht, ganz wie die Tränen, selbst wenn sie nur mit dem Körper vollzogen wird, jene innere „Rohheit" und „Gefühllosigkeit", die alles geistliche Leben in uns zu töten scheint.

Wer der tödlichen Lähmung seiner inneren Leere entfliehen will, der nehme seine Zuflucht zu häufigen Metanien! Denn hier kehrt sich Beziehung zwischen Leib und Seele plötzlich auf geheimnisvolle Weise um. Normalerweise ist der Leib ja gleichsam die „Ikone" der Seele, da er durch seine äußere Haltung deren innere Verfassung zum Ausdruck bringt (Origenes). Nun aber reißt der Leib die widerstrebende Seele mit sich und befreit sie so von dem unerträglichen Druck der inneren Dunkelheit. „Wer Ohren hat zu hören…"

*

---
168 Mt 15, 19.
169 Evagrios, *Ep* 16; *in Prov* 6, 13 (Géhin 76).

6. „... und nehme täglich sein Kreuz auf sich"[170]

Eine der eigentümlichsten, ihrem Wesen nach ausschließlich christlichen Gesten, die allerdings nicht allein auf das Gebet beschränkt ist, ist seit alters in Ost und West das sich Bekreuzigen, oder wie es genau heißt, das sich [mit dem Zeichen des Kreuzes] „Versiegeln" oder „Bezeichnen". Wie immer die Historiker den Ursprung dieser Geste beurteilen mögen, für die Väter handelt es sich um eine jener „ursprünglichen, ungeschriebenen Überlieferungen"[171], die auf die *Apostel und damit die Urkirche selbst* zurückgehen, wenngleich sie – absichtlich – von den ersten Zeugen des Wortes nicht schriftlich fixiert worden sind[172]. Auch Tertullian verweist in dem folgenden, 211 verfassten Text bereits auf diese uralte Überlieferung der Kirche.

Bei jedem Schritt und Tritt, bei jedem Eingehen und Ausgehen, beim Anlegen der Kleider und Schuhe, beim Waschen, Essen, Lichtanzünden, Schlafengehen, beim Niedersetzen und, welche Tätigkeit wir immer ausüben, drücken wir auf unsere Stirn das kleine Zeichen [des Kreuzes][173].

Für den griechischen Osten bezeugt Origenes, dass „*alle Gläubigen, bevor sie irgendeine Tätigkeit beginnen, vornehmlich aber vor dem Gebet oder den heiligen Lesungen [der Schrift]*", ihre *Stirn* mit dem Kreuz bezeichnen. Sie taten dies, weil

---
170 Lk 9, 23.
171 Vgl. Evagrios, *M.c.* 33, 28.
172 Basileios, *De Spiritu Sancto* XXVII, 66.
173 Tertullian, *De Corona* 3 (ed. Kroymann).

sie in jenem, im Althebräischen wie ein Kreuz (†) und im Griechischen wie ein τ T geschriebenen Buchstaben Tau, mit dem der Engel die Getreuen einst zu ihrer Rettung auf der Stirn gekennzeichnet hatte[174], *„eine Prophezeiung des bei den Christen üblichen Zeichens [des Kreuzes] auf der Stirne"* erblickten[175].

In diesem Sinn ist wahrscheinlich schon der Seher der Apokalypse zu verstehen, wenn er von dem *„Versiegeln der Knechte unseres Gottes auf ihren Stirnen"* spricht[176]. Ja selbst die Aufforderung Christi an den, der ihm nachfolgen will, *„sich selbst zu verleugnen und täglich sein Kreuz auf sich zu nehmen"*[177], dürfte ursprünglich im Sinne einer solchen *„Bezeichnung"* gemeint sein, die den Gläubigen allgemein *„kenntlich"* macht.

*

In einer seiner Katechesen legt Kyrill von Jerusalem († 387) den Akzent bewusst auf diesen *öffentlichen* Charakter des Kreuzzeichens, durch das der Christ sich in einer ihm oft feindlich gesinnten Umwelt als solcher sofort kenntlich macht.

> *Schämen wir uns also nicht, den Gekreuzigten zu bekennen! Freimütig geschehe mit den Fingern das Siegel auf der Stirn, und über alles sei ein Kreuz gemacht: über*

---

[174] Ez 9, 4.
[175] Origenes, *Selecta in Ez 9* (PG 13, 800/801).
[176] Offb. 7, 3 u. ö.
[177] Lk 9, 23.

das Brot, das wir essen, und den Kelch, den wir trinken, beim Eintreten und beim Hinausgehen, vor dem Schlaf. Groß ist dieses Schutzmittel[178] *für die Schlafenden und für die Aufstehenden, für die Reisenden und die Ruhenden, kostenlos für die Armen, mühelos für die Schwachen.*
Wie denn auch von Seiten Gottes diese Gnade ein Zeichen den Gläubigen und ein Schrecken den Dämonen ist. Denn er hat durch es über sie triumphiert und sie „öffentlich an den Pranger gestellt"[179]. *Denn wenn sie das Kreuz sehen, erinnern sie sich an den Gekreuzigten! Sie fürchten den, der „die Köpfe der Drachen zertreten hat"*[180]. *Verachte das Siegel nicht, weil es eine freiwillige Gabe ist, sondern ehre eben deshalb noch mehr den Wohltäter*[181].

Das „geistliche Siegel", das wir bei der *Taufe* erstmals empfangen haben[182] und das wir uns dann selbst stets neu aufdrücken, wenn wir uns bekreuzigen, wird also als eine allgemein *sichtbare* Geste verstanden, denn wir machen es ja *öffentlich* (*meta parrhêsias*). Es ähnelt dadurch jenem *Phylakterion* des frommen Juden, das dieser ebenso wie der Christ *auf der Stirn* trägt. Während die in dem Phylakterion des Juden enthaltenen Schrifttexte sein *Bekenntnis* zu dem *einen*

---

178 Kyrillos bezeichnet das Kreuz(zeichen), das ja an sich kein Gegenstand ist, sondern eine Geste, bewusst als *phylaktêrion* (Schutzmittel oder Amulett), und setzt es somit jenem Phylakterion gleich, das der fromme Jude (vgl. Mt 23, 5) noch heute, in wörtlicher Auslegung von Ex 13, 9. 16; Dt 6, 8; 11, 18, beim Gebet auf der Stirn und am Arm trägt. Es handelt sich dabei um eine kleine Kapsel, die ein Stück Pergament mit verschiedenen Schrifttexten enthält.
179 Vgl. Kol 2, 15.
180 Vgl. Ps 73, 14.
181 Kyrillos von Jerusalem, *Katechesen* XIII, 36 (ΒΕΠ 39, S. 168 f.).
182 Vgl. Evagrios, *Mn* 124.

Gott bezeugen[183], legt der Christ durch die schlichte Geste des Kreuzzeichens ein öffentliches Bekenntnis zu „*Christus, dem Gekreuzigten*"[184] ab, so wie ihn Paulus den Galatern „vor die Augen gezeichnet" hatte[185].

*

„*Schämen wir uns nicht, den Gekreuzigten zu bekennen!*" In dieser Mahnung klingt wieder jener Gedanke an, der uns inzwischen bestens vertraut ist: Das *sichtbare* Zeichen, die äußere Geste des Leibes, bringt die innere Haltung der Seele zum sichtbaren Ausdruck. Sich mit dem Kreuz bezeichnen ist ein, allen alten oder modernen gnostischen Christusgestalten zum Trotz, ausdrückliches Bekenntnis zu dem wahren Christus der Kirche, „*der für uns unter Pontius Pilatus gekreuzigt wurde,* der gelitten hat und begraben worden ist", wie es im Credo heißt.

Am „*gekreuzigten Christus*" scheiden sich denn auch von Anfang an die Geister, da er „*den Juden ein Skandal und den Heiden eine Torheit*" ist[186]. Daran hat sich bis heute nichts geändert, die Zahl der „*Feinde des Kreuzes Christi*"[187] hat sogar im Laufe der Jahrhunderte noch erheblich zugenommen. Wer sich daher heute zum Kreuz Christi bekennt, sei es, dass er ein Kreuzchen am Hals trägt, sei es, dass er sich bekreuzigt, setzt sich oft der Verachtung und Verfolgung seitens die-

---

183 Das Stückchen Pergament enthält die Stellen Ex 13, 1-16; Dt 6, 4-9. 11. 13-21.
184 1 Kor 1, 23; 2, 2.
185 Gal 3, 1.
186 1 Kor 1, 23.
187 Phil 3, 18.

ser „Feinde des Kreuzes" aus, und zwar keineswegs nur in bestimmten muslimischen Staaten, die selbst jede Spur des „lebenspendenden Kreuzes" getilgt und von Gesetzes wegen verboten haben.

Wer sich, und sei es nur beim persönlichen Gebet in der Stille seiner „Kammer" oder allgemein in seinen eigenen vier Wänden, bei jeder sich bietenden Gelegenheit so häufig bekreuzigt, wie es Tertullian und Origenes für jeden Christen voraussetzen, der legt damit indessen nicht nur ein Zeugnis *nach außen* ab, er festigt damit auch *nach innen* seinen Glauben an seinen Herrn und Heiland! Denn diese *Rückwirkung* ist ja allen Gesten eigen, von denen hier die Rede ist.

*

Ein Text, der aus dem Umkreis der pachomianischen Mönche Ägyptens stammt, macht deutlich, wie bewusst die Geste des sich Bekreuzigens, ganz wie die Wendung im Gebet nach Osten, von den frühen Christen auch als eine Erinnerung an ihre *Taufe* verstanden wurde. Denn bei diesem alles überragenden Geschehen wurde ihnen ja erstmals jenes „geistliche Siegel" aufgedrückt, durch das sie für immer als ein von Christus „Gezeichneter" und mit Christus Verbundener geworden sind.

Das *Siegel* verweist in der Tat auf den *Besitzer* des Versiegelten, sei es ein Gegenstand oder ein Mensch. In der Antike wurden namentlich *Sklaven* auf diese Weise „versiegelt". Augustinus berichtet von Christen seiner Zeit, die das Kreuzzeichen als *Tätowierung* auf der Stirn trugen! Von daher wird verständlich, warum noch heute viele orientalische Christen ein kleines *tätowiertes Kreuzchen*, meist am rechten Unterarm, tragen. Sie machen sich dadurch öffentlich selbst als „Sklaven Jesu Christi"[188] kenntlich.

> *Bezeichnen wir uns zu Beginn unserer Gebete mit dem Zeichen der Taufe, machen wir auf unsere Stirn das Zeichen des Kreuzes wie an jenem Tag, da wir getauft wurden, und wie bei Ezechiel geschrieben steht*[189]. *Halten wir mit unserer Hand nicht zuerst beim Mund oder beim Bart inne, sondern führen wir sie auf die Stirn, indem wir in unserem Herzen sagen: „Wir haben uns mit dem Siegel bezeichnet!" Dies ist zwar nicht dem Siegel der Taufe ebenbürtig, doch an dem Tag, an dem wir getauft wurden, ist auf der Stirn eines jeden von uns das Zeichen des Kreuzes eingeprägt worden*[190].

*

Wie keine andere weist also diese Geste des sich Bekreuzigens den Christen als „Christen" aus, als einen Menschen, dessen Heil allein aus dem *Kreuzestod* Christi kommt, in den er durch die heilige Taufe auf geheimnisvolle Weise hineingezogen worden ist.

---

188 Vgl. Röm 1, 1 und sehr oft.
189 Vgl. Ez 9, 4.
190 Horsiesios, *Règlements* (ed. Lefort, S. 83, 16 ff.).

„Das Kreuzzeichen tragen"[191] *bedeutet aber,* „den Tod mit sich herumtragen"[192], *indem man noch im Leben* „allem abgesagt hat"[193], *da ein Unterschied ist zwischen der Liebe zu dem, der das Fleisch erzeugte, und der Liebe zu dem, der die Seele zur Erkenntnis geschaffen hat*[194].

Darum ist das heilige Zeichen des Kreuzes, das wir über uns selbst oder andere machen, stets auch ein Bekenntnis zu dem *Sieg*, den Christus am Kreuz über jede widrige Macht errungen hat. Die Väter bedienten sich dieses Zeichens daher stets dann, wenn sie sich mit diesen widrigen Mächten konfrontiert wussten. Schon Antonios der Große lehrte seine Jünger, die *Dämonen* und ihre Phantasmen seien in Wirklichkeit „*nichts und verschwinden schnell, vor allem wenn sich einer mit dem Glauben und dem Zeichen des Kreuzes wappnet*"[195]. Gleiches gilt von der Abwehr der verschiedenen Formen *heidnischer Magie*[196].

Wenn du oft deine eigene Stirn und dein Herz mit dem Zeichen des Kreuzes des Herrn versiegelst, werden die Dämonen zitternd vor dir die Flucht ergreifen, denn sie schaudern heftig vor diesem seligen Malzeichen[197].

---

191 Vgl. Lk 14, 27. Spontan ersetzt Klemens das Wort „Kreuz" durch „Zeichen" *(sêmeion),* weil er den Ausspruch Christi auf das Kreuzzeichen bezieht. Er dachte wohl auch an das „Zeichen des Menschensohnes" (Mt 24, 30).
192 Vgl. 2 Kor 4, 10.
193 Vgl. Lk 14, 33.
194 Klemens von Alexandrien, *Stromateis* VII, 79, 7.
195 Athanasios, *Vita Antonii* 23, 4. Vgl. auch 13, 5.
196 Ibid. 78, 5.
197 Nil von Ankyra, *Briefe* II, 304 (PG 79, 349 C).

Wenn du die im Geist zurückgebliebenen schlechten Erinnerungen und die vielgestaltigen Angriffe des Feindes auslöschen willst, dann bewaffne dich eilends mit dem Gedenken unseres Erlösers und der feurigen Anrufung seines erhabenen Namens bei Tag und bei Nacht, indem du oftmals sowohl deine Stirn als auch die Brust mit dem Zeichen des Kreuzes des Herrn versiegelst.
So oft nämlich der Name unseres Erlösers Jesus Christus genannt wird und das Siegel des Herrenkreuzes auf Herz und Stirn und auf die anderen Glieder [des Leibes] gelegt wird, wird unzweifelhaft die Macht des Feindes gelöst, und die bösartigen Dämonen fliehen bebend vor uns[198].

Diese Deutung des Kreuzes als eines *Schutzzeichens* gegen jede Art dämonischer Belästigung und den Brauch, z. B. den eigenen Mund mit ihm zu „versiegeln", bezeichnet bereits, nach dem Zeugnis seines Schülers Evagrios, Makarios der Große als „ursprüngliche (*archaian*) unausgesprochene (*arrêton*) Tradition"[199]. Es handelt sich also nach Meinung der heiligen Väter um ein weiteres Element jener *ungeschriebenen apostolischen Tradition*, der wir auf diesen Seiten schon so oft begegnet sind.

So groß aber auch die Macht des Kreuzzeichens ist, es handelt sich keineswegs um eine magische Geste. Es ist allein der *Glaube* des sich Bekreuzigenden an den Gekreuzigten, der es mächtig werden lässt!

---

198 Id. III, 278 (PG 79, 521 B/C).
199 Evagrios, *M.c.* 33, 26-28.

Wenn du versucht wirst, bezeichne dir die Stirn mit Frömmigkeit. Dieses Zeichen des Leidens ist ein Zeichen gegen den Teufel, wenn du es gläubig tust, und nicht, um von den Menschen gesehen zu werden. Du sollst es überlegt darbieten wie einen Schild, und der Widersacher wird die Kraft sehen, die aus dem Herzen kommt[200].

*

Wohnt dem – zunächst wohl „im Namen unseres Erlösers Jesus Christus", später dann „im Namen des Vaters, des Sohnes und des Heiligen Geistes"[201] geschlagenen – heiligen Zeichen des Kreuzes eine solche Macht inne, dann versteht sich von selbst, dass es nicht nur nicht aus eitler Ruhmsucht gemacht werden darf, sondern auch niemals gedankenlos. Die Überlieferung der Kirche hat daher auch die *Art und Weise* festgelegt, wie man sich bekreuzigen soll.

Wie die bisher zitierten Texte aus patristischer Zeit lehren, drückte man sich zunächst das „kleine Zeichen" (*signaculum*) – wohl auch nur mit einem Finger – sowohl im griechischen Osten als auch im lateinischen Westen vornehmlich auf die eigene *Stirn*. In gleicher Weise „versiegelte" man dann aus besonderem Anlass aber auch die *Lippen*, das *Herz* usw., bis sich mit der Zeit daraus jene große, uns allen vertraute Geste entwickelte, durch die sich der Gläubige gleichsam mit sei-

---

200 Hippolyt von Rom, *Traditio Apostolica* 42. Übersetzung W. Geerlings, Fontes Christiani 1, Freiburg 1991, S. 309.
201 Barsanuphios und Johannes, *Briefe*, Nr. 46.

nem ganzen Leib unter das Kreuz Christi stellt. Petrus von Damaskus (11. Jh.?) beschreibt diese Geste sehr genau.

Wundern muss man sich ferner, wie die Dämonen und vielfältige Krankheiten durch das Zeichen des kostbaren und lebenspendenden Kreuzes verjagt werden, das jeder ohne Kosten und Mühen machen kann. Und wer vermöchte wohl die Verherrlichungen [zu Ehren des heiligen Kreuzes] zu zählen?
Die heiligen Väter aber haben uns die Bedeutung seines heiligen Zeichens überliefert, um die Ungläubigen und die Häretiker zu widerlegen. Denn die zwei Finger und die eine Hand stellen den gekreuzigten Herrn Jesus Christus dar, der in zwei Naturen und einer Hypostase bekannt wird. Die Rechte erinnert an seine unbegrenzte Macht[202] und sein Sitzen zur Rechten des Vaters[203].
Und man fängt es von oben an [zu zeichnen] wegen seines Herabsteigen aus den Himmeln zu uns[204]. Und ferner, [das Führen der Hand] von der rechten zur linken Seite vertreibt die Feinde und zeigt an, dass der Herr durch seine unbesiegbare Macht den Teufel besiegt hat, der ein linkes, kraftloses und finsteres Wesen ist[205].

Es ist leicht zu sehen, dass dieses „Zweifingerkreuz", das uns als *Segensgeste* aus zahllosen alten Darstellungen Christi in Ost und West wohlbekannt ist und das die russischen Alt-

---
202 Ps 117, 15 u. ö.
203 Ps 109, 1 / Mt 22, 44 u. ö.
204 Eph 4, 10.
205 Petrus Damascenus, 1. Buch, *Über die Unterschiede zwischen Gedanken und Anreizen.* Vgl. PHILOKALIE Bd. III, S. 251 f. Am Schluss Verweis auf Mt 25, 33 f. u. ö.

gläubigen bis heute bewahrt haben, in einem von „Ungläubigen" und „Häretikern" bestimmten Milieu entstanden sein muss. Die zwei Finger und die eine Hand sind – wohl gegen Monophysiten und Nestorianer gerichtet – ein stummes Bekenntnis zu den beiden Naturen des Menschgewordenen in einer einzigen Hypostase (oder Person).

Viel älter und keineswegs zeitgebunden ist hingegen der biblische Symbolismus „oben – unten", „rechts – links", der bis heute tief in Alltagssprache und -gebräuchen verwurzelt ist. Mit dem Abklingen der oben genannten christologischen Streitigkeiten, bzw. in einem von ihnen freien Kontext hat das Kreuzzeichen dann die ganze Fülle seines Symbolismus entfaltet und seine endgültige Gestalt gefunden.

*

Einem Christen lateinischer Tradition wird die ganz selbstverständliche Anweisung, das Kreuz *von rechts nach links* heute befremdlich vorkommen, ist er doch gewohnt, es umgekehrt von *links nach rechts* zu schlagen. Während sich die Griechen *immer* von rechts nach links bekreuzigt haben, haben im Westen offenbar über die Jahrhunderte hin die beiden Weisen *gleichberechtigt nebeneinander* bestanden, bis es dann im Zuge der Tridentinischen Reformen auch hier zu einer Vereinheitlichung des Brauchs kam[206]. Welche Weise ist nun die „richtige"? Die Antwort wird letztlich davon abhängen, welche

---

[206] Vgl. die aufschlussreiche Studie von B. Uspenskij, Il segno della Croce e lo spazio sacro, Napoli 2005, der das ganze reiche Quellenmaterial ausbreitet. Seine eigenen Schlussfolgerungen wird man indessen bisweilen mit Vorsicht betrachten müssen.

die *sinnvollste* ist. Dazu schreibt Papst Innozenz III., damals noch Diakon der römischen Kirche, im Jahre 1189/1190:

Man soll das Zeichen des Kreuzes mit [den] drei [ersten] Fingern [der rechten Hand] machen, weil es unter Anrufung der Dreifaltigkeit aufgedrückt wird – wovon der Prophet sagt: „Wer hängt mit drei Fingern die Masse der Erde auf?"[207] *– dergestalt, dass man von oben nach unten herab geht, und von rechts nach links, weil Christus vom Himmel auf die Erde herabgestiegen und von den Juden zu den Heiden herüber gegangen ist*[208].

Genau wie der oben zitierte Petrus von Damaskus im griechischen Osten, begründet auch Innozenz für das Rom des 12. Jahrhunderts die Weise, das Kreuz zu schlagen, *heilsgeschichtlich*. Dabei wird auch hier ohne weiteres vorausgesetzt, dass *oben* vornehmer ist als unten, und *rechts* vornehmer als links, wie dies ja auch biblischem Symbolismus und alltäglichem Gebrauch entspricht. Diese Tatsache ist übrigens auch ein gewichtiges Argument zugunsten der Ursprünglichkeit des griechischen Brauchs, das Kreuz von rechts nach links zu schlagen. Denn vermutlich bezeichnete man sich ja zunächst ganz spontan mit dem Kreuzzeichen, ohne den vier Richtungen oben – unten, rechts – links eine symbolische Deutung zu unterlegen.

Wie die weitere Folge des eben zitierten Kapitels deutlich macht, begannen damals jedoch bereits „einige", den Quer-

---

207 Is 40, 12 (Vulgata).
208 Innozenz III., *De Sacro Altaris Mysterio*, liber II, c. XLV (PL 217, 825).

balken des Kreuzes in umgekehrter Richtung zu schlagen, also von links nach rechts. Sie führten dazu eine *symbolische* und eine *praktische* Rechtfertigung an. Wir müssten nämlich, heißt es zuerst, vom Elend (symbolisiert durch die linke, „schlechte" Seite) zur Herrlichkeit (symbolisiert durch die „gute", rechte Seite) übergehen, wie auch Christus selbst vom Tode zum Leben und von der Unterwelt zum Paradies übergegangen sei. Ferner solle man sich in derselben Weise selbst bekreuzigen, wie man beim Segen vom Priester bekreuzigt werde.

Über die symbolische Begründung äußert sich Innozenz verständlicherweise nicht, denn für jeden Brauch, und sogar jeden Missbrauch, lässt sich *nachträglich* stets eine „Erklärung" finden, und sei sie auch noch so sehr an den Haaren herbei gezogen. Interessant ist jedoch, dass Innozenz die *praktische Begründung* nicht gelten lassen will. Er weist nämlich mit Recht darauf hin, dass wir andere ja nicht so bekreuzigen, als ob sie uns den *Rücken* zukehrten, sondern vielmehr *von Angesicht zu Angesicht*! Darum zeichne der Priester den Querbalken von links nach rechts, damit der Gläubige ihn, wie es sich gehört, von rechts nach links empfange, und so sollte er sich daher auch selbst bekreuzigen! Die nachgeschobene praktische Begründung „einiger" legt übrigens die Vermutung nahe, dass der Brauch, das Kreuz von links nach rechts zu schlagen, ursprünglich als *Nachahmung der Segensgeste des Priesters* entstanden ist.

Wie dem auch sei, Tatsache ist, dass leider aus „einigen" (*quidam*) dann sehr bald „viele" und seit dem seit Ende des 16. Jahrhunderts schließlich „alle" geworden sind. Damals wurde auch festgelegt, dass die *Segensgeste* des Priesters mit der *ausgestreckten rechten Hand* zu erfolgen habe. Bis in die Gegenwart segnete allein der Bischof von Rom noch mit den *drei ausgestreckten Fingern der Rechten,* bis auch dieser Brauch einfach vergessen wurde.

So sind denn auch die *drei zusammengelegten Finger* der rechten Hand, sowohl beim Segen wie beim persönlichen sich Bekreuzigen, der ausgestreckten Hand gewichen. Die drei Finger symbolisierten die *Heilige Dreifaltigkeit,* in deren „Namen" wir ja gesegnet werden bzw. uns selbst bekreuzigen, doch was bedeuten die fünf ausgestreckten Finger? Allein in der Schwurgeste begegnet man diesem stummen Bekenntnis zur Heiligen Dreifaltigkeit bisweilen noch, sogar gedankenlos bei erklärten Atheisten…

Die Kartäuser scheinen heute die einzigen zu sein, die ganz bewusst das *Dreifingerkreuz,* wie man es aus mittelalterlichen Darstellungen kennt, bewahrt haben. So ist dem Westen bedauerlicherweise trotz der sehr klaren Worte Innozenz' III. mit dem Verlust der so wohl durchdachten Weise des Segnens und des sich Bekreuzigens ein weiteres Stück jenes *gemeinsamen Erbes* verloren gegangen, das Ost und West ehedem verband.

Nicht minder bedenklich ist, dass im Abendland in jüngster Zeit das heilige Zeichen des *lebenspendenden Kreuzes* überhaupt in Vergessenheit zu geraten scheint, von der Kenntnis seiner *symbolischen Bedeutung* ganz abgesehen. Verwunderlich ist das leider nicht, denn das Zeichen des Kreuzes selbst, in welcher Form auch immer, wird ja in wachsendem Maß aus dem Bereich öffentlicher Sichtbarkeit verdrängt.

Doch wozu das Klagen? Nichts hindert uns, den ursprünglichen Symbolismus neu zu entdecken und entsprechend zu handeln! Wenn je, gilt auch hier das Wort des Evagrios, das wir diesem Büchlein als Motto vorausgestellt haben.

*Sprich nicht nur mit Vergnügen
von den Taten der Väter,
sondern verlange auch von dir selbst,
dieselben unter größten Mühen zu vollbringen!*

* * *

SCHLUSS
Der „Schatz in irdenen Gefäßen"[1]

„Der Glaube verdunstet", diese oft gehörte ratlose Klage hatten wir zum Ausgangspunkt unserer Betrachtung gemacht. Er verflüchtigt sich, war unsere Antwort, weil er nicht in einer Weise *„praktiziert"* wird, sich nicht leiblich-sichtbar ausdrücken kann, wie es seinem innersten Wesen entspricht. Das lässt sich mit aller Deutlichkeit am Geschick des persönlichen Betens und seiner „Praktiken" ablesen, ist doch das Gebet seit alters her gleichsam der Gradmesser der Intensität des Glaubens.

Denn das alte Diktum *lex orandi lex credendi* gilt auch heute noch: wie du betest, so glaubst du – und umgekehrt. Wer nicht (mehr) in rechter Weise betete, glaubt auch bald nicht mehr recht. Und wer nicht mehr recht glaubt, wird nicht recht beten bzw. sich andere „Formen" suchen, die seinem Glauben, oder was er dafür hält, gemäßer zu sein scheinen.

Die Überlieferungen der Kirche, Schrift und Väter, haben uns indessen einen reichen Schatz nicht nur an Texten, sondern auch an Weisen, Formen, Gesten usw. des Gebetes hinterlassen. Sie sind ein „kostbares anvertrautes Gut", in dem wir wie in „irdenen Gefäßen" den Schatz des „wahren Gebetes" bewahren und weitergeben können.

---

[1] 2 Kor 4, 7.

In der Neuzeit ist von diesem ursprünglichen Reichtum, namentlich in der westlichen Christenheit, wenig, ja fast nichts übrig geblieben. Stück für Stück ist diese *ungeschriebene apostolische Überlieferung* verloren gegangen. Wo jedoch diese scheinbaren „Äußerlichkeiten" fehlen, wird das Gebet „gewöhnlich, kalt und schal" (Joseph Bousnaya), und der Glaube selbst, der sich nicht mehr seinem Wesen gemäß auszudrücken vermag, erkaltet ebenfalls unmerklich und „verflüchtigt" sich schließlich.

*

Auch die frühen Väter waren sich bereits wohl bewusst, dass diese Dinge, die in ihren Augen keineswegs bloße „Äußerlichkeiten" sind, stets in der Gefahr stehen, vernachlässigt und schließlich vergessen zu werden, *da ihr Sinn nicht mehr verstanden wird.* Schon Tertullian und Cyprian im lateinischen Westen und Origenes im griechischen Osten hielten es bezeichnenderweise für angebracht, ihren Schriften *Über das Gebet,* d. h. über das Vaterunser, einen „praktischen" Anhang folgen zu lassen, in dem diese „ursprüngliche", d. h. apostolische, wenngleich „ungeschriebene Überlieferung" der Kirche wieder ins Gedächtnis gerufen wird.

Viele ziehen heute aus dem weitgehenden Absterben dieser Überlieferungen hingegen den fatalen Schluss, dass kein Weg zurückführe. Die Heilung der geistlichen Krise des Westens liege nicht „hinter uns", sondern vielmehr „vor uns"! Ja, es sei das Gebot der Stunde, im Geiste eines grenzenlos weit gefassten „Ökumenismus", von den großen Religionen der Menschheit zu *lernen* und dort zu *borgen,* was uns mehr und mehr abhanden kommt bzw. nach Meinung vieler sogar immer gefehlt hat.

Für viele ist daher die Übernahme verschiedener „Methoden", bezeichnenderweise nicht des *Gebetes,* sondern der *Meditation,* aus anderen Religionen zu einer nie hinterfragten Selbstverständlichkeit geworden. Dies scheint umso einfacher möglich zu sein, als man uns versichert, dass z. B. *„Zen kein Glaube, sondern eine Praxis"* sei (R. Resch), die man daher problemlos von ihrem buddhistischen Hintergrund lösen könne. Zazen ist denn auch für viele der „Weg" geworden, auf dem sie zu einer tieferen „Gotteserfahrung" zu gelangen hoffen.

Ganz ohne polemische Spitze seien hier zum Schluss einige Fragen gestellt, auf die wir dann *im Geist der heiligen Väter* eine Antwort auf dieses in der Kirchengeschichte wohl absolut einmalige Phänomen zu geben versuchen.

*

„Praxis" und „Glaube" werden von vielen, wie das oben genannte Zitat eines bekannten westlichen Zen-Meisters zeigt, als zwei *selbstständig* nebeneinander bestehende Größen betrachtet, die man daher auch problemlos voneinander trennen könne. Nur wenige Christen, die Zazen üben, haben denn auch im Sinn, *formell* zum Buddhismus überzutreten. Doch hat diese gedankliche Trennung überhaupt eine Entsprechung in der Wirklichkeit? Lassen sich „Form" und „Inhalt", die wir *gedanklich unterscheiden* können, überhaupt *sachlich voneinander trennen*?

Manch einer, der bereits den Schritt von der Religion seiner Taufe hin zu einer anderen getan hat, hat uns im persönlichen Gespräch mit aller Entschiedenheit versichert, dass unsere typisch westlich-rationalistische *Unterscheidung* zwischen „Form" und „Inhalt" eine rein *mentale Operation* ist, ohne jegliche Grundlage in der Wirklichkeit. Wer die „Form" übernimmt, übernimmt, selbst ungewollt, auch den „Inhalt", der diese „Form" ja erst als seinen genuinen Ausdruck geschaffen hat. Doch lassen wir noch einmal Evagrios zu Wort kommen, auch wenn für diesen Mönchsvater des 4. Jahrhunderts die uns bewegende Frage natürlich noch gar nicht existierte.

*

Im Prolog seiner zu Recht als klassisch betrachteten Schrift *Über das Gebet* lobt Evagrios jenen unbekannten Freund, der ihn um ihre Abfassung gebeten hatte, dass er nicht nur nach jenen Kapiteln verlangt habe, die ihre Existenz Tinte und Papier verdanken, sondern auch nach jenen, die durch Liebe und Nichtgedenken-des-Bösen, welche die Frucht des „praktischen" Lebens sind[2], im Intellekt gegründet sind. Evagrios fährt dann fort:

> *Wohlan denn, da „alle Dinge zweifach sind, eins dem anderen gegenüber", nach [dem Wort] des Weisen Jesus [Sirach][3], nimm [die Kapitel] dem Buchstaben und dem Geiste nach entgegen und begreife, dass dem Buchstaben*

---

2 Evagrios, *Pr* 81.
3 Sir 42, 25.

durchaus der Sinn vorausgeht. Denn wäre dieser nicht, existierte auch der Buchstabe nicht.

In der Folge wendet Evagrios diese Unterscheidung auf das Gebet an. Auch das Gebet besteht auf zweifache Weise, die eine ist „praktisch", die andere „kontemplativ". Sie verhalten sich zueinander wie „Quantität" und „Qualität", bzw. biblisch gesprochen wie „Buchstabe" und „Geist" (*pneuma*)[4] oder „Sinn" (*nous*).

Die „praktische Weise" des Gebetes, und dazu gehört auch alles, was wir „Methode" nennen, existiert also durchaus nicht losgelöst für sich selbst. Sie ist nichts weiter als das *Gestaltwerden* der „kontemplativen Weise", ohne die jene „Buchstaben" weder „Geist" noch „Sinn" hätten, ja nicht einmal existierten. Daraus folgt, dass man die „praktische Weise" nicht von ihrem „Sinn" ablösen und für sich alleine üben kann, weder im Christentum noch in irgendeiner beliebigen anderen Religion. Denn stets ist ja die äußere „Form" der sinnfällige Ausdruck des seinem Wesen nach unsichtbaren Inhaltes.

Ähnlich wie Evagrios dachten wohl alle Väter. So rät etwa Origenes, für den ja die charakteristischen Gebetsgesten der Christen „*gleichsam das Abbild der besonderen Beschaffenheit der Seele*" während des „*Gebetes ... im Körper*" sind, man solle „vor *seinen Händen gleichsam seine Seele ausspannen, und vor seinen Augen den Geist zu Gott hin strecken, und vor dem Sich-*

---
4 Vgl. 2 Kor 3, 6.

Hinstellen seine Vernunft von der Erde aufrichten und vor den Herrn des Alls hinstellen"[5].

*

Diesen Gedanken weiterspinnend dürfen wir schließen, dass wir zwar „Buchstabe" und „Geist" (Sinn) gedanklich *unterscheiden,* sie aber nicht sachlich voneinander *trennen* können, wenn sie einmal eine Einheit eingegangen sind. Denn der „Geist" mag wohl ohne den „Buchstaben" existieren, nicht aber der „Buchstabe" ohne den „Geist", der ihm *ideell* stets vorausgeht. Denn die „praktische Weise" des Gebetes verdankt ja ihr bloßes *Dasein* allein der „kontemplativen Weise" bzw. dem, worum es im *Christentum* letztlich geht.

Daraus folgt ferner, dass es auch weder *neutrale* „praktische Weisen" gibt noch geben kann, die man von ihrem konkreten „Geist" oder „Sinn", d. h. dem dogmatischen *Inhalt,* ablösen könnte, um sie nach Belieben mit einem anderen „Sinn" zu füllen. Denn die „praktische Weise des Gebetes" verdankt ihr konkretes *Sosein* allein dem „Geist" der „kontemplativen Weise", für die sie eben jene spezifischen *Mittel* bereitstellt, deren der Beter bedarf, damit dieser geistliche „Sinn" mit Gottes Gnade in ihm Wirklichkeit werden kann.

Dies gilt namentlich von den zum Teil sehr ausgefeilten „Methoden", in denen sich stets der ganz spezifische „Geist" jener Religion Ausdruck verschafft, auf dessen Boden sie gewachsen sind. Denn hier handelt es sich ja nicht um *allgemein*

---
5 Origenes, *De Oratione* XXXI, 2.

menschliche Gesten wie etwa das Stehen oder das Erheben der Augen, die natürlich in jeder Religion ihre je eigene Bedeutung haben. Doch sind diese Gesten so allgemein, dass ohnehin niemand auf den Gedanken kommen würde, sie woanders zu „borgen".

*

Die *„doppelte, geistige und leibliche Anbetung"* (Johannes Damascenus), die wir Gott darbringen, ist also eine in sich geschlossene *Einheit*. „Kontemplative" und „praktische" Weise des Gebetes *bedingen einander* auf je eigene Weise gegenseitig. Eine „praktische Weise", eine „Methode", bar jedes sie gestaltenden „Geistes" kann es nicht geben, wie wir sahen. Allerdings bliebe umgekehrt auch die „kontemplative Weise" *wesenlos*, nähme sie nicht in dem, aus *Leib* und *Geist* bestehenden Beter, in einer ihr gemäßen und auf sie hingerichteten „Praxis" Gestalt an, deren einziger *Zweck* es dann ist, zur Erfahrung des spezifisch *christlichen* „Sinnes" der „kontemplativen Weise" hinzuführen.

Unter „Methode" ist dabei im Sinn der heiligen Väter und namentlich des Evagrios keine irgendwie geartete „Technik" zu verstehen. Die „Praktiken", von denen hier vornehmlich die Rede war, sind vielmehr die sinnlich-wahrnehmbare Seite jener „geistlichen Methode", die „den leidenschaftlichen Teil der Seele reinigt" und die Evagrios *„Praktike"* nennt[6], bzw. im Falle des Gebetes eben die „praktische Weise des Gebetes". Auf diese umfassende „geistliche Methode" spielte Evagrios

---
6 Evagrios, *Pr* 78.

an, als er von jenen *Kapiteln über das Gebet* sprach, die ihre Existenz nicht Tinte und Papier verdanken, sondern „durch Liebe und Nichtgedenken-des-Bösen im Intellekt Platz nehmen", als Frucht nämlich des Zusammenwirkens von „göttlicher Gnade und menschlichem Eifer"[7].

> *Die Liebe ist der Spross der Leidenschaftslosigkeit,*
>   *die Leidenschaftslosigkeit aber ist die Blüte der Praktike.*
> *Die Praktike wiederum beruht auf dem Halten der Gebote.*
>   *Deren Hüter aber ist die Furcht Gottes,*
> *die ein Sprössling des rechten Glaubens ist.*
> *Der Glaube nun ist ein immanentes Gut,*
> *welcher von Natur aus auch in denen vorhanden ist,*
>   *die noch nicht an Gott glauben*[8].

Ist also die *natürliche Befähigung zum Glauben*, die allen Menschen dank ihrer Erschaffung „nach dem Bilde Gottes" eigen ist, auch ein, selbst dem *aktuell* noch nicht Glaubenden, innewohnendes Gut, so bedarf es doch der *Selbstoffenbarung Gottes*, um jenen „*rechten Glauben an die angebetete und heilige Dreifaltigkeit*"[9] zu wecken, der allein den „praktisch" Glaubenden stufenweise bis zu jener „vollkommenen und geistlichen Liebe" führt, „*in der das Gebet in Geist und Wahrheit wirklich wird*"[10].

*

---

7 Evagrios, 12 *in Ps* 17, 21.
8 Evagrios, *Pr* 81.
9 Evagrios, 1 *in Ps* 147, 2.
10 Evagrios, *Or* 77.

Aus dem Gesagten müssen wir schließen, dass es jedenfalls für unsere Väter im Glauben eine gleichsam „neutrale Praxis", die jeder nach Belieben mit „Sinn" füllen könnte, und die dann auch alle Menschen, Gläubige und Nichtgläubige, an dasselbe *Ziel* führte, nicht gibt und auch gar nicht geben kann. Denn das hieße, sich eine „Weltanschauung" nach eigenem Geschmack zurechtzulegen, die weder Gott noch seine Heilsgeschichte mit den Menschen ernst nimmt.

Gewiss ist die Erkenntnis der *Existenz* des einen Gottes an sich allen Menschen zugänglich[11], aber sie haben daraus keineswegs alle denselben Schluss gezogen[12]. Erst im Alten Bund hat dieser eine Gott den Menschen daher durch einen direkten Eingriff in ihre Geschichte erstmals auch seinen „*Namen*" offenbart[13], den der Gläubige nun anrufen kann und soll. Doch sein „*Antlitz*", das selbst Moses nicht sehen durfte[14], hat er uns erst in *Christus*, der das „*Bild des unsichtbaren Gottes*" ist[15], „*Abglanz der Herrlichkeit und Abdruck seines Wesens*"[16], gezeigt. Von nun an gilt: „*Wer mich gesehen hat, hat den Vater gesehen!*"[17] Was Wunder, dass dieses *absolut Neue* sich auch in *neuen „Praktiken"* verleiblicht, bzw. allgemeinmenschlichen Gesten einen ganz anderen Sinn verliehen hat?

*

---

11 Vgl. Röm 1, 19 par.
12 Vgl. Röm 3, 21 ff.
13 Ex 3, 13.
14 Ex 33, 20.
15 Kol 1, 15.
16 Heb 1, 3.
17 Joh 14, 9.

Jene „Praktiken", von denen auf den vorhergehenden Seiten die Rede war, sind daher nichts weniger als das im Laufe der Heilsgeschichte sich verwirklichende *Gestaltwerden* biblisch-christlichen Betens. Sie sind also mitnichten „zeitgebundene Äußerlichkeiten", sondern vielmehr jene gebrechlichen „*irdenen Gefäße*", in denen uns der kostbare, unvergängliche, doch seinem Wesen nach geistliche, unsichtbare „*Schatz*" überkommen ist. Obwohl von den Aposteln absichtlich nicht schriftlich fixiert, erkennen ihnen daher die Väter, wie etwa Tertullian und Basileios der Große, doch zu Recht dieselbe Autorität zu wie den schriftlich fixierten Überlieferungen.

Den heiligen Vätern war allerdings bereits sehr wohl bewusst, schon Origenes sagt es, dass es unter den Gebräuchen der Kirche vieles gibt, das zwar „*von allen befolgt werden müsse, ohne dass doch alle seine Begründung kennen*"[18]. Diese verbreitete Unkenntnis macht sie anfällig für Geringschätzung und schließlich Vernachlässigung und Vergessen. Die Väter haben daher, wie gesagt, schon früh die Notwendigkeit erkannt, den tieferen Sinn dieser kirchlichen Bräuche zu *erklären*, damit nicht etwa durch die Geringschätzung dieser ungeschriebenen apostolischen Überlieferungen „*unbeabsichtigt an wichtigen Stellen dem Evangelium selbst Schaden zugefügt werde*"[19]. Vor dieser Notwendigkeit steht jede Generation neu, und es ist die Aufgabe der Lehrer der Kirche, sowohl die „*geschriebene*" als auch die „*ungeschriebene Überlieferung*" nicht nur unverfälscht zu bewahren, sondern auch den Gläubigen stets neu zu verkünden.

*

---

18 Origenes, *Num hom* V, 1 (ed. Baehrens).
19 Basileios, *De Spiritu Sancto* XXVII, 66, 8 f.

Die „praktische Weise des Gebetes", sagte Evagrios, und dies gilt von der „Praktike" allgemein, ist dem „Buchstaben"[20] vergleichbar, der seine Existenz dem ihm voraus liegenden „Sinn" verdankt, den er seinerseits zum Ausdruck bringt und dadurch auch *mitteilbar* macht. Mit anderen Worten, all' jene „praktischen" Elemente des geistlichen Lebens, von denen wir hier einige wenige vorgestellt haben, bilden zusammen gleichsam den Wortschatz einer *„Sprache"*, die dem Beter den „Geist" des Gebetes erschließt. Nur wer diese „Sprache" beherrscht, vermag nicht nur selbst den verborgenen „Sinn" des Betens zu erfassen, sondern auch anderen zu vermitteln.

Der Verlust dieser „Sprache" führt daher unweigerlich zu einer Art *Sprachlosigkeit*, zur Unfähigkeit nämlich, jenen „Sinn" anderen zu vermitteln, da man ihn selbst bereits nicht mehr existentiell erfahren hat. Man nennt das heute „Traditionsbruch" oder gar „Traditionsabbruch": *der Saft steigt nicht mehr auf und die Pflanze verdorrt.* Im geistlichen Leben bedeutet dies die Unfähigkeit derer, die doch die Lehrer ihrer Brüder sein sollten, die „Sprache" der Väter im Glauben zu verstehen, und das Verstummen vor den eigenen Kindern.

*

Die Natur duldet indessen kein Vakuum. Die Eltern mögen sich vielleicht damit abgefunden haben, den „Weg" verloren zu haben, ihre Kinder werden sich nicht so leicht damit zufrieden geben. Sie wollen leben und suchen sich daher neue „Wege", ohne zu ahnen, dass sie damit *„Dinge einführen, die unserem*

---

[20] Oder der „Schrift", dem „Schriftstück", all' dies bedeutet ja das griechische Wort *gramma*.

Lauf fremd sind", und sich so der Gefahr aussetzen, selbst zu „*Fremden der Wege unseres Erlösers*" zu werden (Evagrios).

Denn ob man sich dessen bewusst ist oder nicht, die Wahl der „Mittel" beinhaltet bereits eine *Vorentscheidung* über das Ergebnis. *Ce que tu fais, te fait,* sagt man bündig im Französischen: *Was du machst, macht dich*! Wer sich „Praktiken" und „Methoden" hingibt, die nicht auf dem Boden des eigenen Glaubens gewachsen sind und dazu ersonnen wurden, zu einem ganz anderen Ziel als der Begegnung mit Gott „*von Angesicht zu Angesicht*" zu führen, wird unmerklich zu jenem „Glauben" hingeführt, der diese Praktiken als seinen genuinen Ausdruck entwickelt hat.

Viele werden es nicht wagen, sich einzugestehen, dass sie bereits vom Wege abgekommen sind und seit langem das eine „glauben", und das andere „praktizieren". Früher oder später werden sie allerdings bemerken, dass sie sich ihrem Glauben, dessen Geheimnisse sie doch tiefer zu ergründen suchten, schrittweise entfremdet haben.

*

Was also tun, wenn man sich irgendwann der eigenen Entwurzelung bewusst wird? Nun, dann muss man, biblisch gesprochen, „*umkehren*" zu dem, „*was von Anfang an war*"! Wenn einer seine „erste Liebe verlassen hat", muss er „*sich daran erinnern, von wo er herabgefallen ist. Er muss umkehren und wieder die ersten Werke tun*"[21].

---
21 Offb 2, 4-5.

Im geistlichen Leben – und nicht nur dort – bedeutet dies, dass man wieder „*die Wege jener befragt, die uns in rechter Weise vorausgegangen sind*", um „*sich nach ihnen zu richten*". Man muss sich „*mit ihnen unterhalten*", d. h. in den meisten Fällen: ihr *Leben* und ihre *Schriften* studieren, um dadurch von „*ihnen zu lernen*". Hat man dann von ihnen „*gehört, was hilfreich ist*", gilt es, wieder ganz „unten" anzufangen, bei jenen „Äußerlichkeiten", von denen hier die Rede war, und „*von sich selbst zu verlangen, dieselben Taten der Väter unter größten Mühen*" auch selbst zu vollbringen. Nur wer sich diesen Mühen unterzieht, darf hoffen, auch selbst eines Tages jener Erkenntnis gewürdigt zu werden, die wir an den heiligen Vätern so bewundern.

*

Dass sich dies alles tatsächlich so verhält, wie hier dargelegt, lässt sich indessen nicht zwingend beweisen. Um noch ein letztes Mal Evagrios Pontikos zu zitieren: Für jene, die sich damit begnügen, entweder nur „mit Vergnügen von den Tagen der Väter zu reden" oder das reiche Vätererbe allein „wissenschaftlich" zu erforschen, bleibt unweigerlich „*manches verhüllt, anderes dunkel*", das Wesentliche jedenfalls entgeht ihnen.

Denn „*aufmerksames Studium und eifrige Übung*" vermögen den Menschen nie weiter zu führen als bis zu jener „*Erkenntnis*", die ihren Ursprung ihrerseits bei den Menschen hat. Selbst von Leidenschaften Beherrschte vermögen sie sich zu verschaffen, sofern sie nur genug Verstand haben. Um hingegen jener Erkenntnis teilhaftig zu werden, „*die in uns durch die Gnade Gottes gelangt*", bedarf es der „Leidenschaftslosigkeit"[22], und die erlangt man nur durch den Einsatz der ganzen Person und nicht allein des Verstandes.

Für die, die den Fuß in dieselbe Spur setzen, [die der Fuß der heiligen Väter gezeichnet hat,] werden diese Dinge indessen deutlich sein[23].

* * *

---

22 Evagrios, *Gn* 45.
23 Evagrios, *Pr* Prol [9].

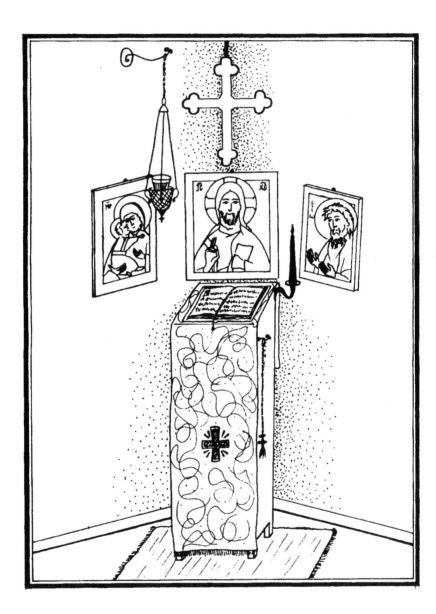

ANHANG
Praktische Hinweise

Der neue *Katechismus der Katholischen Kirche* enthält im 4. Teil über „Das christliche Gebet" auch einen kurzen Hinweis auf die *„geeigneten Orte des Gebetes"*. Dort heißt es unter § 2691:

Für das persönliche Gebet kann dieser Ort eine „Gebetsecke" mit der Heiligen Schrift und Ikonen sein, um dort, „im Verborgenen", vor unserem Vater zu verweilen.

Es mag daher nützlich sein, aus der in diesem Büchlein ausgebreiteten Tradition der heiligen Väter einige praktische Folgerungen für die Einrichtung einer solchen „Gebetsecke" und das Offizium, das der Christ dort „im Verborgenen" vor seinem himmlischen Vater verrichten möchte, zu ziehen. Denn alle schönen Gedanken über das Gebet blieben ja fruchtlos, wenn sie nicht zum Beten selbst führten. Diese Hinweise sind vor allem für in der Welt lebende Christen gedacht, da bei Mönchen und Nonnen vorausgesetzt werden darf, dass ihnen diese Dinge ohnehin vertraut sind.

*

1. Die Wahl des rechten Ortes und seine Einrichtung

Um „im Verborgenen" auf ganz persönliche Weise mit dem Vater „Zwiesprache" halten zu können, sollte die Gebetsecke" so *abgelegen* und *ruhig* sein, wie jene „Kammer" hinter „verschlossenen Türen", von der Christus sprach.

Dass die Gebetsecke *nach Osten* ausgerichtet sein sollte, versteht sich von selbst, wendet sich der Beter doch dem *„wahren Licht"*[1] zu, Gott, der „uns aus der Finsternis in sein wunderbares Licht gerufen hat"[2].

Das *Licht*, in Gestalt einer Ikonenlampe und/oder von Kerzen, sollte daher nicht fehlen. Das Anzünden dieses Lichtes, vor dem Morgengrauen und bei Einbruch der Nacht, ist Teil jenes „vernünftigen Dienstes"[3], den der Beter dort im Verborgenen vor Gott verrichtet.

Die Ausrichtung der Gebetsecke gen *„Aufgang"* kennzeichnet man am besten, wie seit alters her üblich, mit einem *Kreuz*. Bei der Wahl eines solchen Kreuzes sollte man darauf achten, dass es nicht nur Leiden und Tod des Menschensohnes anschaulich macht (Kruzifix), sondern auch seinen Sieg über den Tod. Viele alte (und moderne) Kreuze verbinden sehr schön *Lebensbaum* und *Kreuzesholz* zu einer Einheit und erinnern den Beter so schon im Bild daran, dass er seiner „ursprünglichen Heimat", dem Paradies, zugewandt betet.

Rechts und links von diesem „Zeichen des Herrn", oder auch darunter, kann man *Ikonen* Christi (rechts) und der Gottesmutter (links) sowie bevorzugter Heiliger aufhängen. Sie set-

---

1 1 Joh 2, 8.
2 1 Pt 2, 9.
3 Röm 12, 1.

zen im Bild unseren Erlöser und jene gegenwärtig, in denen „Gott sich als wunderbar erwiesen hat"[4], und bringen dem einsamen Beter zum Bewusstsein, dass er stets „in der Gemeinschaft der Heiligen" betet.

Auf einem *Stehpult* sollten die „Instrumente" des täglichen Gebetes bereitliegen: die Heilige Schrift, der Psalter bzw. jene Gebetbücher, deren sich der Beter bedienen möchte, eine Gebetsschnur für das „Herzensgebet"...

Ein solches kleines Oratorium, mag es auch den Blicken der Menschen verborgen bleiben, macht erst aus der Wohnung eines jeden Christen eine „Hauskirche"! Wie ein wenig Salz, gibt es der „Welt", in der es sich zu verlieren scheint, Geschmack und Würze.

*

2. Die Gebetszeiten

Der *Tageslauf* des Menschen der Antike, mit seinen großen Einteilungen in Abschnitte von je drei Stunden, folgte einem bei weitem ruhigeren Rhythmus als der des modernen Menschen, der unter dem Diktat der Präzisionsuhr steht. Die Wahl der geeigneten Gebetszeiten ist daher umso wichtiger. Hier ist vor allem eine gewisse Selbstdisziplin vonnöten, will man sich nicht gänzlich diesem Diktat unterwerfen.

---

[4] Ps 67, 36.

Wie schon der biblische Mensch, so bevorzugten auch die frühen Mönchsväter für ihre beiden Offizien die Zeit *nach Sonnenuntergang* und *vor Sonnenaufgang*. Dies sind jene Augenblicke, die sich auch ein moderner Mensch am ehesten wird freihalten können.

Wer auf diese Weise Gott den Anfang des Tages bzw. der Nacht als „Erstlingsgabe" darbringt, darf hoffen, dass auch der übrige Tag bzw. die Nacht *geheiligt* sind. Es wird ihm auch leichter fallen, inmitten all' seiner Tätigkeiten das „Gedenken Gottes" im Herzen lebendig zu halten.

Wie umfangreich oder wie kurz das tägliche Gebet auch immer sein mag, wichtig ist vor allem seine Regelmäßigkeit, das „*Ausharren im Gebet*"[5].

*

3. Das „kleine Offizium"

Das Stundengebet der Kirche ist – im Osten noch bei weitem mehr als im Westen – im Laufe der Jahrhunderte immer differenzierter und damit auch umfangreicher geworden. Das „Brevier" stellt einen frühen Versuch dar, dieses Stundengebet in eine kompaktere Form zu bringen. Die liturgischen Reformen der letzten Jahrzehnte haben in der abendländischen Kirche zu weiteren Kürzungen geführt.

---

5 Apg 2, 42.

Viele Christen (und auch Geistliche) sind davon überzeugt, dass das Beten langer Offizien „typisch monastisch" sei. Die frühen Wüstenväter, die sich doch von allen weltlichen Geschäften zurückgezogen hatten und ganz dem Gebet lebten, sprechen indessen stets nur von ihrem „kleinen Offizium" (*mikra synaxis*). Tatsächlich waren ihre beiden Offizien mit ihren je zwölf Psalmen und den entsprechenden Gebeten auch nicht sonderlich lang. Auch die zahlreichen „Gebete", die sie unter Tags während ihrer Arbeit verrichteten, überschritten nicht die Länge eines Vaterunser, von den kurzen Stoßgebeten, die nur ein paar Worte umfassten, ganz zu schweigen.

Wer in der Nachfolge der heiligen Väter den „Ort des Gebetes" betreten möchte und nach dem „Zustand des Gebetes" verlangt, tut also gut daran, sich ein Offizium zusammenzustellen, das seinen Kräften entspricht und das in ihm den *Geist des Gebetes* weckt und lebendig hält. Denn das Ziel ist ja, den „Geist den ganzen Tag über im Gebet" zu halten.

Für das persönliche Gebet eignet sich als Grundlage vor allem der *Psalter*, den man sich zu diesem Zweck entsprechend herrichten sollte. Das heißt, man unterteilt die langen Psalmen in kleinere Einheiten, wie dies schon manche Väter getan hatten, die weniger auf die „Quantität" als auf die „Qualität" bedacht waren.

> *Daher halten es [die heiligen Väter] auch für nützlicher, zehn Verse mit verständiger Aufmerksamkeit zu singen, als einen ganzen Psalm in Unordnung herunterzurasseln...*[6]

---
6 Cassian, *Inst* II, 11, 2.

Entsprechend dieser weisen Regel sollte sich jeder die Zahl an Psalmen vornehmen, die seinen Möglichkeiten entspricht. Wer die geheiligte Zahl der *zwölf Psalmen* des Morgen- und Abendoffiziums mit ihren jeweiligen Gebeten bewahren möchte, kann dies leicht durch eine entsprechende Unterteilung des Psalters erreichen.

Die Psalmen sollte man im Prinzip *der Reihenfolge nach* lesen, ohne auszuwählen und vor allem ohne Auslassungen, handelt es sich doch dabei zunächst um das Hören des Gotteswortes.

Nach Wunsch mag jeder diese Psalmodie durch *Hymnen* der kirchlichen Tradition bereichern oder durch Schriftlesungen abrunden.

Manch einer wird vielleicht diesem verhältnismäßig freien Offizium das *Stundengebet der Kirche* als festen Leitfaden vorziehen. Dabei ist jedoch zu beachten, dass dieses eigentlich eine *betende Gemeinschaft* voraussetzt und entsprechend verschiedene, sich abwechselnde Leser, Sänger usw.

In jedem Fall sollte man darauf achten, dass das „kleine Offizium" niemals zu einer bloßen Formalität verkommt, deren man sich pflichtbewusst, aber innerlich unbeteiligt entledigt. Die Freiheit, die viele erfahrene Meister des geistlichen Lebens dem Beter zugestehen[7], zielt ja gerade darauf ab, jeden Formalismus an der Wurzel abzuschneiden und zum „wahren Gebet" zu führen. Der *Wechsel von Psalm und Gebet* ist da erfahrungsgemäß ein guter Leitfaden.

---

[7] Man lese etwa Isaak von Ninive, c. 80 (ed. Wensinck, S. 366 f.).

Das *Herzensgebet* ist an sich an keine bestimmte Gebetszeit gebunden, ist es doch der „Atem der Seele". Die Erfahrung lehrt aber, dass es hilfreich ist, ihm stets auch eine bestimmte Zeit des morgendlichen und abendlichen Offiziums zu widmen, sei es vorher, sei es nachher, weil es so leichter in Fleisch und Blut übergeht.

Seit apostolischen Zeiten betet der Gläubige *dreimal täglich das Vaterunser* (Didache). Es ist jenes Gebet des Christen, das der Herr selbst ihn gelehrt hat. In der Alten Kirche durfte man es erst nach der Taufe zum ersten Mal sprechen. Es ist daher selbstverständlich, dass man das Vaterunser öfter am Tage beten sollte, jedoch niemals gedankenlos als eine Art Füllmaterial. Es sollte stets der *Höhepunkt* jeder Gebetszeit sein und sein besonderer Charakter sollte auch in der Haltung zum Ausdruck kommen, die der Beter dabei einnimmt.

*

4. Weisen und Gesten des Gebetes

Über die verschiedenen Weisen und Gesten des Gebetes ist ausführlich gesprochen worden. Der Beter sollte danach streben, sie sich mit der Zeit *alle* zu eigen zu machen, auch und gerade jene, die ihm zunächst fremd erscheinen mögen. Wenn er sie mit Verstand und zu den entsprechenden Zeiten übt, wird ihm ihr verborgener Sinn mit der Zeit aufgehen. Sie bewahren sein Beten davor, „gewöhnlich, kalt und schal" zu werden.

Insonderheit sollte er darauf achten, im Gleichklang mit dem *Kirchenjahr* zu beten, und zwar nicht nur im Hinblick auf bestimmte Hymnen, Lesungen usw., sondern auch was die Gebetsgesten betrifft. D. h., er sollte den *ernsten* Charakter jener Tage und Zeiten, die traditionellerweise als Abstinenz- und Fasttage gelten (Mittwoch, Freitag, Fastenzeit), ebenso sichtbar machen (Knien, Metanien), wie den freudigen, festlichen Charakter des Herrentages und der Osterzeit.

*

Diese wenigen Seiten können und wollen nicht den ganzen Reichtum der Überlieferung der heiligen Väter über das persönliche Gebet erschöpfend ausbreiten. Sie sind als praktische Hilfe gedacht, durch die jeder Christ guten Willens einen „Anfang" setzen kann, wie Benedikt von seiner Regel sagt.

> *Wer aber zur Vollkommenheit im [mönchischen] Leben eilt,*
> > *hat die Lehren der heiligen Väter,*
> *deren Beobachtung den Menschen*
> > *bis zur Höhe der Vollkommenheit führt.*
> *Ist denn nicht jede Seite*
> > *und jeder von Gott beglaubigte Ausspruch*
> *im Alten und im Neuen Testament*
> > *eine genaue Richtlinie für das menschliche Leben?*
> *Oder welches Buch der heiligen katholischen Väter*
> > *redet nicht laut davon,*
> *wie wir auf geradem Weg zu unserem Schöpfer gelangen?*

*Auch die „Unterredungen" der Väter,
ihre „Einrichtungen"[8] und „Lebensbeschreibungen"[9],
sowie die „Regel" unseres heiligen Vaters
Basilius[10],
was sind sie anderes als Anleitungen zur Tugend
für Mönche, die gut gehorsam leben?*[11]

Gleiches gilt von zahlreichen anderen Schriften jener Väter, die „von Anfang an" auf jenem „Weg" gewandelt sind, der von sich selbst sagt: „Ich bin der WEG". Was sind sie anderes als zuverlässige Lehrmeister für all' jene, die sich die Mühe machen, ihren „Fuß in dieselbe Spur zu setzen" und „die Taten der Väter auch selbst zu vollbringen"?

* * *

---

8 Gemeint sind zwei in diesem Buch oft zitierte Werke des Johannes Cassianus.
9 D. h. die Viten Antonios' des Großen und anderer Mönchsväter, sowie die Apophthegmata Patrum, aus denen wir ebenfalls reichlich geschöpft haben.
10 Gemeint sind die von Rufin übersetzten Mönchsregeln.
11 *Regula Benedicti* 73, 2-5 (Übersetzung G. Holzherr).

Quellenschriften

Soweit nicht bereits in den Anmerkungen verzeichnet, wurden folgende Ausgaben bzw. Übersetzungen benutzt:

Apophthegmata Patrum: Eine kritische Ausgabe des umfangreichen und weit verzweigten Materials liegt noch nicht vor. Soweit uns der griechische Text zugänglich war (*Nau, Guy, Evergetinos*), haben wir diesen benutzt. Ansonsten sei verwiesen auf die nützlichen Übersetzungen von L. Regnault (Solesmes), der das ganze Material zusammengetragen hat:

- *Les sentences des Pères du Desert* (Recension de Pélage et Jean), Solesmes 1966.

- *Les Sentences des Pères du Desert*, Nouveau Recueil, Solesmes 1970.

- *Les Sentences des Pères du Desert,* Troisième Recueil, Solesmes 1976.

- *Les Sentences des Pères du Desert*, Collection Alphabétique, Solesmes 1981.

- *Les Sentences des Pères du Desert,* Série des Anonymes (*SO* 43), Bellefontaine 1985.

- *Les Chemins de Dieu au Desert*, La Collection Systématique des Apophtegmes, Solesmes 1992.

Barsanuphios und Johannes, *Briefe*, ed. F. Neyt – P. de Angélis – Noah, Barsanuphe et Jean de Gaza, *Correspondance*, (*SC* 426), Paris 1997, (*SC* 427), 1998, (*SC* 450), 2000, (*SC* 451), 2001, (*SC* 468), 2002. Die französische Übersetzung ist die von L. Regnault, Barsanuphe et Jean de Gaza, *Correspondance*, Solesmes 1972.

Basileios der Große, *De spiritu Sancto*, ed. et trad. B. Pruche, Basile de Césarée, *Sur le Saint-Esprit*, (*SC* 17 bis), Paris 1968.

Johannes Cassianus, *Conlationes*, ed. et trad. E. Pichery, Jean Cassien, *Conférences*, (*SC* 42), Paris 1955, (*SC* 54), 1958, (*SC* 64) 1959.

Id. *De institutis coenobiorum*, ed. et trad. J.-G. Guy, Jean Cassien, *Institutions Cénobitiques*, (*SC* 109), Paris 1965.

Jausep Hazzaya, Brief der drei Stufen, ed. et trad. P. Harb – F. Graffin, Joseph Hazzaya, *Lettre sur les trois étapes de la vie monastique*, (*PO* 45, fasc. 2, N° 202), Turnhout 1992. Deutsche Übersetzung in G. Bunge, Rabban Jausep Hazzaya, *Briefe über das geistliche Leben und verwandte Schriften*, Trier 1982, 77-211.

Klemens von Alexandrien, *Stromateis*, Übersetzung O. Stählin, *Des Clemens von Alexandreia Teppiche*, BKV², Bd. XVII bis XX, München 1936-1938.

Origenes, *De Oratione*, Übersetzung P. Koetschau, *Des Origenes Schriften vom Gebet und Ermahnung zum Martyrium*, BKV, Bd. 48, München 1926.

Tertullian, *De Oratione*, ed. Oehler. Übersetzung H. Kellner, *Tertullians private und katechetische Schriften*. BKV, Bd. 7, München 1912.

Palladios, *Vita Evagrii coptice*, Einleitung, Übersetzung und Kommentar von G. Bunge – A. de Vogüé, *Quatre ermites égyptiens d'après les fragments coptes de l'Histoire Lausiaque*, (*SO* 60), Bellefontaine 1994, 153-175.

Pseudo-Justin wurde übersetzt nach der Ausgabe der *Bibliothêkê Hellênôn Paterôn* (ΒΕΠ), Bd. 4, Athen 1955. Vgl. auch die etwas freiere Übersetzung von A. von Harnack, Diodor von Tarsus. *Vier pseudo-justinische Schriften*, TU 21,4 (Leipzig 1901), 60-160.

PHILOKALIE der heiligen Väter der Nüchternheit, Bd. 1-6, Würzburg 2004.

* *

Zitierte Werke des Evagrios Pontikos

Ant   *Antirrhetikos*, ed. W. Frankenberg, *Evagrius Ponticus*, Berlin 1912, 472-545. Italienische Erstübersetzung G. Bunge, V. Lazzeri, Evagrio Pontico, *Contro i penieri malvagi. Antirrhetikos*, Bose 2005.

Ep   *Epistulae* LXII, éd. Frankenberg, loc. cit. Deutsche Übersetzung G. Bunge, Evagrios Pontikos. *Briefe aus der Wüste*, Trier 1986. Griechische Fragmente ed. C. Guillaumont, « Fragments grecs inédits d'Evagre le Pontique », *TU* 133 (1987), 209-221. P. Géhin, « Nouveaux fragments des lettres d'Evagre », *Revue d'Histoire des Textes* 24, 1994, 117-147.

Eul   *Tractatus ad Eulogium monachum*, PG 79, 1093D bis 1140A. Wir folgen dem von R. E. Sinkewicz, Evagrius of Pontus, *The Greek Ascetic Corpus*, Oxford Early Christian Studies, Oxford University Press 2003, p. 310-333 herausgegebenen griechischen Text nach der Handschrift LAVRA G 93 (E). Die Nummerierung ist ebenfalls die dieser Ausgabe.

Gn   *Gnostikos*, ed. et trad. A. et C. Guillaumont, Evagre le Pontique. *Le Gnostique* ou *A celui qui est devenu digne de la science*, (*SC* 356), Paris 1989.

in Prov   *Scholia in Proverbia*, ed. et trad. P. Géhin, Evagre le Pontique. *Scholies aux Proverbes*, (*SC* 340), Paris 1987.

in Ps	*Scholia in Psalmos.* Mit freundlicher Erlaubnis von Mlle M.-J. Rondeau, die eine kritische Ausgabe des Werkes vorbereitet, benutzen wir ihre Kollation der Handschrift *Vaticanus graecus* 754. Cf. auch id. « Le commentaire sur les Psaumes d'Evagre le Pontique », *OCP* 26 (1960), 307-348.
KG	*Kephalaia Gnostika*, ed. et trad. A. Guillaumont, *Les six Centuries des "Kephalaia Gnostica" d'Evagre le Pontique*, (*PO* 28), Paris 1958. Griechische Fragmente ed. J. Muyldermans, *Evagriana*. Extrait de la revue LE MUSÉON, t. XLIV, augmenté de: « Nouveaux fragments grecs inédits », Paris 1931; id. *A travers la tradition manuscrite d'Evagre le Pontique*, in: Bibliothèque du *MUSÉON* 3 (1932); I. Hausherr, « Nouveaux fragments grecs d'Evagre le Pontique », *OCP* 5 (1939), 229-233. Ch. Furrer-Pilliod, **OPOI KAI YΠOΓPAΦAI**. *Collections alphabétiques de définitions profanes et sacrées*, ST 395 (2000).
M.c.	*De diversis malignis cogitationibus*, ed. et trad. P. Géhin, C. Guillaumont, A. Guillaumont, Evagre le Pontique. *Sur les Pensées*, (*SC* 438), Paris 1998.
Mn	*Sententiae ad Monachos*, ed. H. Gressmann, *Nonnenspiegel und Mönchsspiegel des Evagrios Pontikos*, *TU* 39,3 (1913), 143-165. Englische Übersetzung R. E. Sinkewicz, op. cit. 122-131.

Or	*De Oratione Tractatus*, J. M. Suarez, S. P. N. Nili Abbatis, *Tractatus seu Opuscula*, Rome 1673, *De Oratione*: p. 475-511. Vgl. PG 79, 1165 A/1200 C. Deutsche Übersetzung PHILOKALIE, Bd. I., 287-309.
O. sp.	*Tractatus de octo spiritibus malitiae*, PG 79, 1145 A bis 1164 D. Deutsche Übersetzung nach der Handschrift *Coislin* 109 G. Bunge, Evagrios Pontikos. *Über die acht Gedanken*, Würzburg 1992, Beuron² 2007. Wir folgen der Nummerierung von Sinkewicz, op. cit., der die unsere übernommen und verbessert hat.
Pr	*Capita practica ad Anatolium*, ed. et trad. A. et C. Guillaumont, Evagre le Pontique. *Traité pratique ou Le moine*, (*SC* 170-171), Paris 1971. Deutsche Übersetzung G. Bunge, Evagrios Pontikos, *Praktikos* oder *Der Mönch*, Köln 1989, Beuron² 2008.
Sk	*Skemmata*, éd. J. Muyldermans, *Evagriana*, in *Le MUSÉON* 44, augmenté de: « Nouveaux fragments grecs inédits », Paris 1931, 38 s. Englische Übersetzung R. E. Sinkewicz, op. cit. 210-216.
Vg	*Sententiae ad Virginem*, ed. Gressmann, op. cit. Englische Übersetzung R. E. Sinkewicz, op. cit., p. 131-135.

Vit *De vitiis quae opposita sunt virtutibus*, PG 79, 1140 s. Wir folgen der Nummerierung von R. E. Sinkewicz, op. cit., p. 60-65.

* * *

Veröffentlichungen des Autors

1. Allgemein

Rabban Jausep Hazzaya, Briefe über das geistliche Leben und verwandte Schriften. Ostsyrische Mystik des 8. Jahrhunderts, (SOPHIA Band 21), Trier 1982.

DER ANDERE PARAKLET, Die Ikone der Heiligen Dreifaltigkeit des Malermönchs Andrej Rubljow. Würzburg 1994.

IRDENE GEFÄSSE, Die Praxis des persönlichen Gebetes nach der Überlieferung der heiligen Väter, Würzburg 2009.

AUF DEN SPUREN DER HEILIGEN VÄTER. (Weisungen der Väter 1), Beuron 2006

2. Evagriana

Evagre le Pontique et les deux Macaire, *Irénikon* 56 (1983), 215-227. 323-360.

AKEDIA. Die geistliche Lehre des Evagrios Pontikos vom Überdruss. Köln 1983. Würzburg (Der Christliche Osten) 1995 (4. Auflage). 2009 (6. Auflage).

Evagrios Pontikos. *Briefe aus der Wüste*. Trier 1986.

ORIGENISMUS – GNOSTIZISMUS. Zum geistesgeschichtlichen Standort des Evagrios Pontikos, *Vigiliae Chris-*

tianae 40 (1986), 24-54.

The «Spiritual Prayer»: On the Trinitarian Mysticism of Evagrius of Pontus, MONASTIC STUDIES 17 (1986), 191 – 208.

DAS GEISTGEBET. Studien zum Traktat DE ORATIONE des Evagrios Pontikos, (Koinonia – Oriens XXV), Köln 1987.

GEISTLICHE VATERSCHAFT. Christliche Gnosis bei Evagrios Pontikos. Regensburg 1988.

Priez sans cesse. Aux origines de la prière hésychaste, STUDIA MONASTICA 30 (1988), 7 – 16.

Evagrios Pontikos. PRAKTIKOS oder DER MÖNCH. Hundert Kapitel über das geistliche Leben. (Koinonia – Oriens XXXII), Köln 1989. Beuron (2. Auflage), (Weisungen der Väter 6).

Hénade ou Monade? Au sujet de deux notions centrales de la terminologie évagrienne, *LE MUSÉON* 102 (1989), 69-91.

MYSTERIUM UNITATIS. Der Gedanke der Einheit von Schöpfer und Geschöpf in der evagrianischen Mystik, *Freiburger Zeitschrift für Philosophie und Theologie* 36 (1989), 449 -469.

Nach dem Intellekt leben. Zum sog. Intellektualismus der evagrianischen Spiritualität, SIMANDRON – DER WACH-

KLOPFER. Gedenkschrift für Klaus Gamber, hg. von W. Nyssen, Köln 1989, 95-109.

PALLADIANA I. Introduction aux fragments coptes de l'Histoire Lausiaque, *STUDIA MONASTICA* 32 (1990), 79-129, (S. 81 ff.: Evagre et ses amis dans l'Histoire Lausiaque).

Mit A. de Vogüé : PALLADIANA III. La version copte de l'Histoire Lausiaque. II. La Vie d'Evagre, *STUDIA MONASTICA* 33 (1991), 7-21.

[Diese Studien sind zusammengefasst auch als Buch erschienen: G. Bunge – A. de Vogüé, QUATRE ERMITES EGYPTIENS D'après les fragments coptes de l'Histoire Lausiaque, (*Spiritualité Orientale* 69), Bellefontaine 1994].

Evagrios Pontikos. *Über die acht Gedanken.* Würzburg 1992.

Der mystische Sinn der Schrift. Anlässlich der Veröffentlichung der Scholien zum Ecclesiasten des Evagrios Pontikos, *STUDIA MONASTICA* 36 (1994), 135-146.

Evagrios Pontikos, hl., Artikel in: *LThK*, 3. Auflage, Bd. 3 (1995), col. 1027-1028.

Evagrio Pontico. *Lettere dal deserto.* Introduzione e note a cura di Gabriel Bunge, traduzione dal greco e dal siriaco a cura di Salvatore Di Meglio e Gabriel Bunge, Magnano (Bose) 1995.

Praktike, Physike und Theologike als Stufen der Erkenntnis bei Evagrios Pontikos, AB ORIENTE ET OCCIDENTE. Gedenkschrift für Wilhelm Nyssen, hg. von M. Schneider und W. Berschin, St. Ottilien 1996, 59-72.

Créé pour être». A propos d'une citation scripturaire inaperçue dans le «Peri Archon d'Origène (III, 5, 6), *BULLETIN DE LITTÉRATURE ECCLÉSIASTIQUE* 98 (1997), 21 -29.

Evagrios Pontikos: Der Prolog des *ANTIRRHETIKOS, STUDIA MONASTICA* 39 (1997), 77-105.

DRACHENWEIN UND ENGELSBROT. Die Lehre des Evagrios Pontikos von Zorn und Sanftmut. Würzburg 1999.

Erschaffen und erneuert nach dem Bilde Gottes. Zu den biblisch-theologischen und sakramentalen Grundlagen der evagrianischen Mystik, HOMO MEDIETAS. Festschrift Alois Maria Haas, Bern usw. 1999, 27-41.

Aktive und kontemplative Weise des Betens im Traktat DE ORATIONE des Evagrios Pontikos, *STUDIA MONASTICA* 41 (1999), 211-227.

La Montagne intelligible». De la contemplation indirecte à la connaissance immédiate de Dieu dans le traité *DE ORATIONE* d'Evagre le Pontique, *STUDIA MONASTICA* 42 (2000), 7-26.

La ΓΝΩΣΙΣ ΧΡΙΣΤΟΥ di Evagrio Pontico, in: *L'EPISTULA FIDEI* di Evagrio Pontico. Temi, contesti, sviluppi. Atti del III Convegno del Gruppo Italiano di Ricerca su Origene e la Tradizione Alessandrina (16.–19 settembre 1998), Studia *Ephemeridis Augustinianum* 72 (2000), 153-181.

EVAGRIO PONTICO. *Contro i pensieri malvagi*. Antirrhetikos. Introduzione di Gabriel Bunge, Traduzione di Valerio Lazzeri, Magnano (Bose) 2005.

L'Esprit compatissant. L'Esprit-Saint, Maître de la prière véritable dans la spiritualité d'Évagre le Pontique, *Buisson Ardent* 13 (2007), 106-12.

* * *